AVOIR UN ENFANT À
40 ANS
(ou presque)

Éditions Eyrolles
61, bd Saint-Germain
75240 Paris Cedex 05
www.editions-eyrolles.com

Création de maquette et composition : Hung Ho Thanh
Illustrations : Clémentine Vacquerie

ISBN : 978-2-212-56965-0

AGATHE GIROD-ROUX
ANNE-LISE PERNOTTE

Préface de Serge Hefez

AVOIR UN ENFANT À 40 ANS (ou presque)

Éditions
EYROLLES

SOM
MAI
RE

Préface de Serge Hefez 6
Remerciements 9
Introduction 13

Partie 1 **Je veux un bébé**

Chapitre 1 Parents tardifs, qui êtes-vous ? 19
Chapitre 2 Fertile *or not* fertile ? 31
Chapitre 3 La PMA : se donner toutes les chances de réussir ! 53

Partie 2 **La grossesse tardive, une grossesse pas comme les autres ?**

Chapitre 4 Enfin enceinte ! 73
Chapitre 5 Une grossesse épanouie, mais... sous contrôle ! 83
Chapitre 6 Ma grossesse, moi et les autres 105
Chapitre 7 Vers un accouchement serein 131

Partie 3 **Bébé est enfin là !**

Chapitre 8 Bébé, qui es-tu ? 141
Chapitre 9 Je l'ai fait ! 163
Chapitre 10 Un père, un mari, un amant 189
Chapitre 11 La place de bébé dans le monde 199

Partie 4 **L'éducation, la grande affaire !**

Chapitre 12 L'éveiller 213
Chapitre 13 L'éducation alternative 233
Chapitre 14 Parents engagés 243

Conclusion 267
Bibliographie 269

Préface

Avoir un bébé la quarantaine passée est une histoire bien ancienne ! Depuis la nuit des temps, des femmes ont enfanté tant que leur corps les y autorisait, et ce d'autant que l'absence de contraception ne leur laissait guère de choix. Au début du XXe siècle et après la Seconde Guerre mondiale, les maternités tardives étaient loin d'être rares.

Pourtant, le phénomène actuel (si l'on choisit de l'appeler phénomène), c'est-à-dire une forte augmentation des naissances de bébés de mères âgées de plus de 40 ans, est l'objet de discours, notamment médiatiques, parfois alarmistes et souvent simplificateurs.

Loin du cliché de la femme battante, cadre et surinvestie dans son travail au point d'en oublier de faire des enfants, la réalité de la parentalité tardive est diverse et plurielle. La prolongation de la jeunesse, les recompositions familiales, les nouvelles manières de vivre en couple, tout comme les avancées considérables des technologies de la reproduction, sont des transformations sociales qui conditionnent aujourd'hui le désir d'enfant et le moment de le concrétiser.

Mais notre plus grande liberté de choix n'a pas fait disparaître toute forme de contrainte et d'épreuves. Bien au contraire, de nouvelles normes se déploient, parfois contradictoires. Les atermoiements portant sur le choix du conjoint s'amplifient à mesure que la figure du partenaire conjugal se dissocie de celle du parent. Il faut beaucoup de temps pour trouver la « bonne personne » ! Faire carrière, être avec quelqu'un, avoir des enfants, les éduquer : autant de normes qui s'articulent plus ou moins facilement, et plus ou moins vite, amenant certaines personnes à se mettre en couple tardivement, d'autres à rester longtemps en couple sans avoir d'enfants... et les derniers enfin à refaire famille sur le tard.

L'ouvrage d'Agathe et Anne-Lise donne la parole à des gens ordinaires, qui se sont retrouvés sur des chemins un peu plus sinueux que les parcours attendus. Florence tombe à nouveau enceinte à 43 ans alors qu'elle n'espérait plus avoir d'enfant avec son deuxième compagnon... Rachel devient maman solo sans l'avoir prévu... Après la découverte d'une endométriose avancée, Laurence se tourne vers la PMA, sans succès pendant 9 ans, avant de donner naissance à sa fille grâce à un don d'ovocyte... Julia et Frédéric, à l'approche de la quarantaine et de leur cinquième enfant, décident de faire le tour du monde pour enfin se donner du temps et vivre pleinement cette étape de leur aventure familiale.

Aucun de ces témoignages ne ressemble à un autre : fonder une famille, avoir un enfant, quel que soit l'âge, n'est en effet pas réductible à un schéma ni à une mise en œuvre simplifiée. C'est ce qui interpelle dans ces histoires toutes différentes, qui ne taisent pas les difficultés, les moments de doute, parfois d'amertume, auxquels sont confrontés ces parents tardifs, dans certains cas au prix d'une désunion lorsque le couple ne résiste pas au projet de devenir parent.

On ne fait pas un enfant seul, ni seule, ni en dehors de la famille : la place de chacun, celle du conjoint ou de la conjointe, des grands-parents, des frères, des sœurs, des demi-frères et sœurs, est remise en cause par l'arrivée d'un nouveau membre qui vient interroger un système, à l'équilibre fragile mais toujours recomposable, c'est ce que montre le livre d'Agathe et Anne-Lise. Or qu'ont en commun ces femmes et ces hommes parents à l'abord de la quarantaine ? Le courage d'affronter ce déséquilibre né du désir, de chercher les bonnes réponses pour recomposer la famille.

Serge Hefez
psychiatre et psychanalyste
spécialiste des thérapies familiales

Remerciements

Mille mercis à tous les parents cités dans ce livre ! Vos témoignages sincères et souvent émouvants nous ont été des plus précieux pour rédiger cet ouvrage : Florence L., Rachel L., Anne C., Laurence M., Benoît C., Anna A., David F., Isabelle N., Raphaëlle C., Isabelle A., Jean-Emmanuel, Monica A., Béatrice D., Isabelle G., Nathalie S., Cédrick P., Jérôme G., Hélène P., Hélène L., Chiara L., Cécile C., Daniel B., Nelly G., Jean-François P., Christophe B., Fred et Julia, Frédérique, Yasmina A., Perrine Alliod, Arianne G., Yves D.

Un grand merci également à vous, chers experts, pour le temps consacré à prodiguer vos conseils avisés…

Nathalie Massin, endocrinologue de la reproduction au centre hospitalier intercommunal de Créteil, Charles Brami, chirurgien gynécologue, spécialiste de la médecine de la reproduction à l'Hôpital américain, Thierry Harvey, gynécologue obstétricien aux Diaconesses, André Guérin, gynécologue à la clinique IVI de Barcelone en Espagne, Laurent Salomon, professeur au sein du service Obstétrique, médecine et chirurgie fœtales à la maternité de Necker, Céline Chalas, biologiste de la reproduction à l'hôpital Cochin, Armand Chouchana, pédiatre à l'Hôpital américain, Catherine Houzard, directrice d'un centre de PMI, Aurélie Goudeseune, sage-femme libérale, Deborah Schouhmann-Antonio, thérapeute et coach en périnatalité, Joëlle Desjardins-Simon, psychanalyste, Sandra Witebsky Benaïm, psychothérapeute de couple et spécialiste de l'infertilité, Myriam

Szejer, pédopsychiatre et psychanalyste, Sophie Braun, psychanalyste et psychothérapeute, Serge Tisseron, psychiatre et docteur en psychologie, Benoît Cayol, gestalt-thérapeute, spécialisé en PMA, Angélique Levasseur, formatrice et coach en éducation et communication relationnelle, Cécile Croquin, coordinatrice de l'association Maman Blues, Mia Fievez, thérapeute et créatrice de la méthode Positive Mind Attitude, Laurence Monnier, fondatrice de l'association Célia-Fertilité, Claire Andreewitch, naturopathe et instructrice de yoga, Sandrine Gameiro, instructrice de yoga chez Maman Yogini, Sandrine Cordani, sophrologue, Amélie Moireau, éducatrice en crèche, Charlotte Ducharme, fondatrice de Cool Parents Make Happy Kids, Gabrielle Sebire et Cécile Stanilewicz, auteures du livre *Avec lui c'est compliqué, vivre avec un enfant précoce, l'aider à grandir et à réussir*, Mayëlis Giraud, fondatrice de l'école démocratique Champ Libre en Normandie, Gilles Vaquiez de Labaume, fondateur de l'Atelier du futur papa, Élodie Lenoir, attachée de presse de la clinique Eugin en Espagne, Sophie Faroux, attachée de presse de la clinique IVI en Espagne, Olivier Pourvellarie, fondateur du site MyFerti, Yasmine Candau, présidente de l'association Endofrance, Philippe Roussel, président de l'association Les Cigognes de l'espoir, Joséphine Lebard, auteur du livre *Du baby-blues à la dépression post-partum*, Aude Lapinte, statisticienne à l'Insee.

Merci à toi Myrtille pour ta relecture et tes remarques pertinentes !

Merci à vous, Serge Hefez, d'avoir pris le temps de préfacer notre ouvrage.

Gwenaëlle, merci pour votre confiance, nous sommes de « jeunes » auteures mais vous avez cru en nous dès le début ! Et merci également à vous Joanne, Élodie et Pauline qui avez repris le flambeau pour finaliser la sortie du livre.

Anne-Lise et Agathe

Merci à ma tribu de choc ! Thomas, mon beau-fils qui m'a donné envie de faire le grand saut dans la maternité, Clément, mon fils, qui a fait de moi une mère tardive et comblée (bien que régulièrement au bord de la crise de nerfs ☺), et Jean-Michel, mon compagnon, mon épaule bienveillante, mon conseiller avisé... celui qui m'a soutenu tout au long de cette aventure ! Merci aussi à mes parents, valeureux grands-parents tardifs disponibles et engagés.

Et bien sûr, merci à toi Agathe, ma co-auteure, pour cette collaboration complice et créative, pour ta ténacité et ton engagement, le chocolat, les litres de thé et les fous rires... *WE DID IT* !

Anne-Lise

« Travail de titanes », ça se dit ? Mamans multifonctions, nous en avons noirci des feuilles blanches avec notre cœur plus qu'avec notre plume. Une rencontre humaine extraordinaire avec vous, avec nous-mêmes aussi, et surtout avec une coéquipière de 1re classe, en tous points. Trois lettres m'ont fait devenir moi : NOÉ, mon petit bouddha, mon sage, mon fils, LOVE.

Agathe

Introduction

Avoir un enfant à 40 ans est plus fréquent qu'on ne le pense... Et si cela correspond parfois à un choix, il arrive que les hasards de la vie repoussent le moment de devenir parents ; la parentalité dite « tardive » est souvent le résultat d'un long voyage... celui de la vie, celui de votre vie !

Que vous soyez une famille recomposée, un accro au travail, un parent solo ou homo, que vous ayez eu des difficultés à enfanter ou tout simplement voulu profiter plus longtemps d'une vie *childfree*, ce livre est pour vous.

En effet, nous avons choisi de l'écrire pour répondre aux discours anxiogènes, aux remarques parfois désobligeantes et aux regards réprobateurs. Si nos voisins européens semblent plutôt bien accueillir cette nouvelle tendance, devenir parent « sur le tard » reste encore mal accepté en France.

Pourtant, avoir un enfant à 40 ans est une tendance forte qui révolutionne en profondeur le modèle familial. En 2015, en France, 5 % des mères et 17 % des pères avaient plus de 40 ans. À l'origine de ce phénomène de société : l'allongement de la durée des études, la généralisation du travail des femmes, l'augmentation du nombre de familles recomposées, une certaine tendance à vouloir profiter de la vie sans contrainte et la peur de s'engager trop vite, trop tôt, et, plus encore, la difficulté à rencontrer le bon partenaire.

Auteures et mamans tardives, nous avons tenté de répondre aux questions que vous vous posez : la parentalité tardive se vit-elle différemment des autres ? Une grossesse tardive est-elle vraiment plus risquée ? Y a-t-il un âge limite pour devenir parent ?... La réponse à toutes ces questions est moins tranchée et caricaturale qu'on nous le laisse entendre ! Oui, la maturité influence notre façon d'être parent et nous élevons nos enfants différemment à 20 ans ou à 40 ans. Si nous accédons plus difficilement au statut de parent, les risques liés à notre « grand âge » sont souvent plus anecdotiques qu'on ne le croit. Quant à notre « date de péremption », difficile de se positionner tant d'autres facteurs tels que l'hygiène de vie ou le bien-être psychologique influencent notre capacité à enfanter.

En nous appuyant sur plus de soixante témoignages de parents, d'experts et de professionnels de santé, nous vous proposons un accompagnement à la parentalité tardive, du désir d'enfant à l'éducation de bébé au travers de quatre grandes parties.

Je veux un bébé. Oui, mais comment faire quand ça ne marche pas tout seul ? Nous vous donnons toutes les pistes et tous les leviers à actionner pour y parvenir, du simple accompagnement psychologique à la GPA, en passant par la PMA et les bonnes pratiques en termes d'hygiène de vie.

La grossesse tardive, une grossesse pas comme les autres ? Au-delà des fantasmes et des alertes excessives, nous vous proposons des avis d'experts et des témoignages de mamans quadra, qui rétablissent la vérité sur les grossesses tardives. Vous y trouverez également des astuces pour bien vivre ces neuf mois sur tous les fronts (en couple, en famille, au travail) et des méthodes originales pour se préparer à un accouchement serein.

Bébé est enfin là ! Mais vous n'avez plus 20 ans, ni même 30 ou 35 ans ! Au programme, de judicieux conseils pour accueillir bébé dans les meilleures conditions, sans culpabiliser ou placer la barre trop haut, tout en prenant soin de vous. Fatigue, suites de couche, baby-blues, retour du couple… nous levons tous les tabous sur le post-partum version quadra au féminin et au masculin.

L'éducation, la grande affaire ! Vous avez bien l'intention d'être au top avec votre progéniture… Nous vous aidons à être ce parent disponible et engagé sans tomber dans l'écueil de l'hyperparentalité. Vous y trouverez des conseils pour accompagner votre bambin à chaque étape de son développement, des avis d'experts pour lui raconter son histoire, aussi compliquée soit-elle, mais également des témoignages de parents qui ont su conjuguer parentalité et changement de vie, tirant le meilleur de cette fameuse crise de la quarantaine.

Nous espérons que ce guide pratique, véritable boîte à outils du parent quadra, répondra à vos interrogations et vous accompagnera sur les chemins de traverse de la parentalité tardive.

Partie 1

Je veux un bébé

AH, LA FAMILLE, on l'adore et on la déteste. Quel est votre souvenir ? Le regard bienveillant de votre grand-père, les repas de famille interminables, les rivalités fraternelles, la joie des naissances ou la violence des portes qui claquent ? Toutes ces petites choses nous touchent profondément et composent ce que nous sommes aujourd'hui.

Malgré les bons et les mauvais souvenirs, nous sommes prêts à tout pour créer notre propre famille, dans notre maison, une famille qui nous ressemble.

Mais qui sommes-nous au fait ? La famille dite « classique » existe-t-elle toujours ? Nous avons vu la foule se soulever pour défendre un modèle traditionnel : « papa + maman = bébé » ! Mais notre société a évolué, elle a conquis plus de liberté et notamment celle de faire des bébés plus tard. Oui, on se sépare quand on ne s'aime plus ; oui, on peut créer une famille quand on est homosexuel ; oui, les femmes sont ambitieuses et privilégient parfois leur carrière ; et oui, les Français aiment la vie au point d'avoir le plus fort taux de natalité d'Europe.

Chapitre 1

Parents tardifs, qui êtes-vous ?

Avant la famille, il y a le couple ! Le passage du célibat à la famille en cochant la case « mariage » a laissé la place à une multitude de configurations.

Voici une esquisse de ces hommes et de ces femmes qui décident de devenir parents à « presque » 40 ans.

Famille recomposée : le bébé de la seconde chance

La plupart des couples se rencontrent sur les bancs de l'école. On s'aime, on se marie et les enfants sont déjà là ! Cela arrive parfois très tôt, parfois trop tôt. Puis les sentiments s'émoussent, on change tout simplement, les enfants ne suffisent plus pour rester ensemble.

Même si on n'y croit plus, nombreux sont ceux qui retrouvent le bonheur à la fleur de l'âge en créant une famille « patchwork » Les enfants d'un premier mariage se mêlent à ceux issus de ce nouveau départ.

Témoignage

« Je suis encore étonnée d'y être arrivée. »

« Quand je rencontre T. à 23 ans, je sors tout juste de mes études. Je tombe enceinte, quelques années plus tard, un peu par hasard, sans que nous ayons vraiment de "projet d'enfant". Encore peu investie professionnellement, j'accueille cette nouvelle avec joie, misant beaucoup sur la vie de famille et la relation de couple. Mais après un accouchement un peu traumatique, je découvre la maternité sous un angle tristounet : mon mari travaille beaucoup et je suis souvent seule à la maison avec mon fils. Progressivement je reprends le boulot et m'y investis davantage. Mon mari le vit plutôt mal et nous nous séparons aux 3 ans de notre fils. À 30 ans, je rencontre C., plus jeune que moi, insouciant et pas vraiment pressé de faire des enfants. 4 ans plus tard, nous mettons tranquillement un bébé en route. J'accouche à 36 ans et je vis la période post-accouchement sereinement : mon compagnon est un papa poule, très investi à mes côtés ! Puis l'envie d'agrandir la famille se fait à nouveau sentir : nous rêvons secrètement d'une petite fille. Mais les années passent sans que bébé ne pointe le bout de son nez… Alors que nous n'y croyons plus vraiment, je tombe enceinte à… 43 ans ! Nous sommes fous de joie.

Ma grossesse est fatigante, surtout avec un ado à gérer (mon premier fils a désormais 16 ans). J'écope aussi de réflexions déplacées et ma chef manque de tomber de sa chaise quand je lui annonce la nouvelle ! À l'hôpital, je suis très suivie et on me parle presque de grossesse "gériatrique"… Finalement, c'est un troisième petit gars qui rejoint la fratrie ! Quand je le regarde, je suis encore étonnée d'y être arrivée, j'ai l'impression d'avoir accompli un exploit. C'est un peu la cerise sur le gâteau, cet enfant. »

Florence L., maman de 3 enfants entre 27 et 43 ans

Un petit dernier pour la route

Avant de continuer sur les chemins sinueux de la parentalité tardive, attardons-nous un instant sur la famille « traditionnelle » Loin de la décrier, nous lui rendons hommage parce qu'elle est et restera notre base, notre référence. Elle est l'attache qui permet de se détacher, le point de départ qui permet de se repérer.

Déjà, en 1946, le baby-boom de l'après-guerre se caractérise par des naissances « tardives » au sein de familles nombreuses. Le petit dernier a souvent une grande différence d'âge avec ses frères et sœurs.

L'histoire se poursuit avec le désir de reproduire le schéma familial, ou celui de rester jeune, ou encore de combler un vide. Bref, les raisons sont multiples pour s'accorder cette dernière folie !

Parent seul mais pas sans toi

Faire un enfant, c'est pour la plupart d'entre nous un projet à deux, le fruit d'une merveilleuse histoire d'amour. Peut-être trop beau pour être vrai car cela nous rend très exigeants. Alors, on laisse passer le temps sans trop se préoccuper de notre descendance ! Puis, les bougies sont de plus en plus nombreuses sur le gâteau d'anniversaire, et LA bonne personne est toujours (bien) cachée ! L'inquiétude devient puissante, elle monte aussi sûrement que l'envie d'être parent.

Les femmes sont majoritairement concernées par la question parce que le temps joue contre elles. Embarquées dans un tourbillon qui tourne à l'obsession, elles choisissent (ou pas) de faire une famille à deux, sans papa.

Témoignage

« Entre 20 et 35 ans, je ne souhaitais pas m'engager avec mes partenaires, même si mes relations étaient longues et suivies.

Mon désir d'enfant se manifeste autour de 38 ans. Au cours de cette période, je retrouve, *via* Facebook, un copain de maternelle dont je tombe amoureuse. La relation s'étiole rapidement et nous nous séparons au bout de 6 mois.

> « Je suis devenue mère avec un homme dont je n'ai partagé la vie que 6 mois. »

Convaincue d'être infertile et que mon âge est un frein, je ne prends pas de contraception. Mais quelques semaines après la fin de notre histoire, je me découvre enceinte. Il m'a fallu deux tests de grossesse pour m'en persuader. Entre rire et larmes, je décide de garder l'enfant. J'allais devenir maman… Mais maman solo !

Ma grossesse se passe bien. Je suis très entourée malgré l'absence du père et mon accouchement est un moment extraordinaire. Mais les trois premiers mois qui suivent la naissance de mon fils sont un enfer.

J'allaite difficilement, je ne dors pas ou peu, je supporte les visites de ma belle-famille alors que le père est très peu investi… et je fais face à tout un tas de problèmes logistiques.

Peu à peu, je m'organise : j'obtiens une place en crèche, je retrouve du travail. Mon inconfort s'estompe. Aujourd'hui, à 43 ans, j'ai des projets plein la tête, je refuse de culpabiliser et de considérer que mon enfant sera privé de père par ma faute. J'ai choisi d'élever mon enfant seule et mon fils a choisi d'arriver dans une famille monoparentale. Mais, plus que jamais, j'ai conscience de mon âge et mon statut de parent tardif me plonge dans l'urgence. Si les choses doivent bouger, c'est ici et maintenant. Je n'ai plus de temps à perdre ! »

Rachel L., maman solo à 39 ans

Une envie tardive

Avez-vous été touché par le syndrome de Tanguy ? Vous savez, ce personnage qui ne voit absolument pas l'intérêt de quitter le nid douillet de ses parents. Les études à rallonge et les loyers exorbitants ont eu raison de quelques-uns d'entre nous.

Aussi, il y a eu l'envie de voyager et de vivre intensément, de laisser sa carrière se dessiner ou, tout simplement, de jouir de sa liberté. Vous avez rencontré LA bonne personne tardivement ? Nooooon, vous étiez prêts au moment où vous vous êtes rencontrés, c'est différent !

Taxé de *working girl* ou d'adulescent, d'irresponsable ou d'égoïste, celui ou celle qui conçoit une envie tardive d'enfant est assez mal perçu par la société qui, là encore, y voit une forme de contestation.

Seriez-vous donc une sorte de rebelle ?

Témoignage

« Plus jeune, je ne ressentais ni l'envie ni le besoin de fonder une famille. J'ai toujours été un peu à contre-courant : s'accomplir dans la vie ne passait pas nécessairement pour moi par le fait de devenir mère. J'ai d'ailleurs avorté à 26 ans. Ma vie professionnelle et ma vie sociale tenaient une place importante dans mon quotidien, je n'étais pas prête à me fixer en couple.

Puis, mon horloge biologique m'a rappelée à l'ordre : j'ai vécu un véritable "appel du ventre". Mon partenaire du moment ne voulait pas d'enfant. Mon désir de procréation était tellement fort que j'ai dû me séparer de cet homme que j'aimais pourtant profondément.

« J'ai écouté mon corps et mes envies sans céder à la pression sociale. »

Puis, j'ai rencontré quelqu'un sur Internet. Il était dans le même état d'esprit que moi et nous avons rapidement mis en route un bébé. Ce projet d'enfant n'a jamais été source de stress ou d'angoisse, malgré le désir puissant qui m'animait.

À la naissance de ma fille, j'ai mis ma carrière professionnelle entre parenthèses. Je n'ai eu aucun problème à me décentrer. Je n'avais plus de temps pour moi, mais je l'acceptais : j'avais tellement désiré cet enfant, que tout le reste passait au second plan.

À 44 ans, je n'ai pas dit mon dernier mot ! J'espère bien avoir un deuxième enfant… si mon compagnon me suit dans ce projet bien sûr ! Mais ça, c'est une autre affaire… »

Anne C., primipare à 41 ans

Mais, pourquoi le désir d'enfant se réveille-t-il violemment à 38 ans ? Sandra Witebsky Benaïm, psychothérapeute de couple et spécialiste de l'infertilité, nous répond : « La majorité des femmes ignorent qu'il y a une baisse de la fécondité à 35 ans et que la chute est encore plus grande à 39 ans !

Étrangement, la femme a souvent une prise de conscience à 38 ans, comme un signal envoyé par son corps, une résonance de l'inconscient. C'est ce qu'on appelle communément l'horloge biologique, mais en réalité, c'est plutôt un réveil qui sonne très fort ! J'entends souvent dire "quelque chose se passe en moi".

Ces pensées sont envahissantes chez les femmes, incapables de penser à autre chose, le couple passe au second plan. Chez les hommes, le désir peut être fort mais moins viscéral. Ils sont souvent solidaires et portent la souffrance de leur femme. »

Le couple abîmé

Pour certains, devenir parent à presque 40 ans, ce n'est pas vraiment un choix. Une fatalité, un coup du sort, une entourloupe de la vie, bref, en trois lettres, ça se résume à PMA. Et un parcours médicalement assisté dure en moyenne trois ans. Le temps devient votre ennemi juré mais aussi votre meilleur allié. Sur votre agenda, les événements festifs sont gentiment remplacés par les jours où il faut le faire ! Au début, c'est drôle, on fait l'amour dans la cave de Tata Odette, puis, dans la voiture en allant chercher les potes à la gare, puis, ce calendrier reproductif perd très vite de son charme pour devenir carrément rédhibitoire. Il faut beaucoup d'amour et (d'humour) pour surmonter cela (et le reste). Ne pas se juger, accepter les failles de l'autre, se respecter, mais surtout, surtout faire preuve de patience.

Témoignage

« J'ai rencontré mon compagnon à 27 ans et nous avons rapidement eu un projet d'enfant. Deux ans plus tard, pas de bébé, mais de violentes douleurs, des malaises et des hémorragies… Les spécialistes découvrent que j'ai une endométriose de stade IV qui m'empêche de tomber enceinte.

Entre 28 et 30 ans, on m'opère sans résultat. Je quitte mon job à haute responsabilité dans l'industrie pour me jeter à corps perdu dans un parcours de PMA. J'enchaîne quatre FIV entre 30 et 35 ans, qui se soldent toutes par un échec, mon endométriose récidive de manière fulgurante ! Je me sens vulnérable, mais surtout très seule car mon mari s'investit peu. La seule chose qui me permet de tenir, c'est ce désir d'enfant puissant et le soutien de femmes sur les forums qui ont vécu la même chose avant moi. Certaines deviennent mes meilleures amies.

« Après 4 FIV et un don d'ovocyte, notre couple a beaucoup souffert. »

Je tente une dernière opération pour éradiquer l'endométriose, mais rien n'y fait. Les spécialistes sont unanimes : mes ovaires sont altérés par la maladie, le don d'ovocyte est mon ultime chance ! Je choisis l'Espagne. À 37 ans, je reçois mon premier transfert d'embryon à Barcelone et je tombe enceinte.

Après l'accouchement, je garde un souvenir amer du manque de soutien de mon mari. Nous ressortons affaiblis et désunis de ces neuf ans de PMA : notre vie de couple a été détruite par des rapports sexuels déshumanisés à but exclusivement reproductifs.

Aujourd'hui, je suis très proche de ma fille de 10 ans. Je n'ai jamais pensé qu'elle n'était pas entièrement ma fille. Je me sens pleinement sa mère, malgré le don d'ovocyte. Une femme m'a choisie pour me donner son œuf et chaque jour, j'essaie d'être à la hauteur de ce merveilleux cadeau ! »

Laurence M., maman à 37 ans après 9 ans de PMA

Avoir deux papas ou deux mamans, une décision mûrement réfléchie

Il se trouve qu'après 35 ans, la majorité des couples homosexuels ont tendance à se stabiliser, la preuve en est : 55 % sont pacsés. L'envie naturelle de construire s'installe, à deux ou en famille. La France tremble encore devant ce nouveau visage de la famille et de nombreuses solutions se trouvent à l'étranger.

Évidemment, les femmes ont l'énorme avantage de pouvoir porter leur enfant, un don de sperme suffit à rendre leur projet possible. Possible oui, mais pas en France qui n'accorde ce droit qu'aux couples hétérosexuels. Par chance, il ne faut pas aller bien loin pour trouver son bonheur : Espagne, Belgique, Pologne, Suède et Grande-Bretagne autorisent le don de sperme aux couples lesbiens. Pour les couples gays, il faudra trouver d'autres options comme la GPA ou la co-parentalié.

Témoignage

« J'ai longtemps vécu avec une femme en me posant la question de la maternité, sans pour autant surmonter les barrières de l'homoparentalité. Cette relation s'est éteinte quand j'ai rencontré Claire, j'avais 35 ans. Elle avait déjà entamé seule, à 37 ans, un parcours de PMA en Espagne. De mon côté, j'avais un désir très fort de transmettre mon patrimoine, de construire un foyer, tout semblait évident, il fallait y aller.

« Quand j'ai rencontré Claire, c'était une évidence. »

Toutes deux cadres dans un grand groupe, nous avons la chance de pouvoir gérer nos emplois du temps.

Je suis Catalane, nous avons donc choisi de partir dans ma ville natale, Barcelone, pour construire notre projet, auprès de ma famille. Claire est tombée enceinte au deuxième essai. Nous avons choisi la FIV plutôt que l'insémination pour nous donner plus de chances de réussir. Nous venons de nous lancer dans un nouveau protocole pour avoir un autre enfant, et cette fois, je le porterai !

Le soutien de notre entourage est très important, car nous nous posons énormément de questions : comment protéger notre enfant ? En réalité, nous avons moins de difficultés qu'on ne le pensait. On a choisi de ne pas se cacher et d'annoncer la grossesse à nos amis comme à nos collègues. C'est souvent à l'ignorance que nous devons faire face, rarement au rejet, nous traçons un chemin vers l'inconnu !

Je suis heureuse d'avoir attendu et je considère que nous avons énormément de chance. Nous ne sommes pas les mêmes personnes qu'il y a deux ans, nous avons brisé énormément de tabous. »

Ana A., en couple avec Claire et mamans à 38 et 40 ans

Être parent sans être une famille

Et si, on avait l'idée folle de « juste » devenir parent, sans amour, sans couple, juste parent ! Depuis quelques années des sites fleurissent aux quatre coins du Web, mettant en contact des hommes et des femmes qui veulent avoir un enfant. Une solution pour les quarantenaires qui n'ont pas toujours le temps ou l'envie de créer un foyer classique. On se rassure en se disant que finalement, ça revient au même qu'un couple divorcé, mais la réalité est-elle si simple ?

La co-parentalité implique le plus couramment la garde alternée, un sujet délicat et souvent source de conflit. Confier son enfant à une personne qu'on ne connaît pas si bien, même si c'est le parent biologique, n'est pas chose facile, mieux vaut s'y préparer sérieusement en amont.

Témoignage

« J'ai eu de nombreuses aventures amoureuses qui se sont soldées par des échecs. Un brin fêtard, soit je m'ennuie, soit je ne tombe pas amoureux. J'en ai déduit que je suis totalement incasable, mais, impossible d'envisager la vie sans enfant.

« J'étais incasable ! »

Quand j'ai rencontré M. sur un site de rencontre, elle me plaisait en tout point, la femme idéale pour être la mère de mon enfant. J'ai mis 6 mois à la convaincre de créer une famille sans amour, sans vivre ensemble mais en partageant une chose magnifique : la parentalité.

Nous avons donc un bébé de 7 mois que je vais chercher tous les jours à la crèche. Je le ramène chez sa maman, chez qui il dort tous les soirs. Elle aurait aimé qu'on soit un couple. La famille n'a pas compris mes choix. Mais maintenant qu'il est là, les grands-parents en sont gaga.

M. est très casanière et centrée sur notre fils, je serais ravi qu'elle rencontre quelqu'un pour partager sa vie. »

David F., papa à 43 ans en co-parentalité

Chapitre 2

Fertile *or not* fertile ?

Fruit d'une histoire d'amour ? secousse de l'horloge biologique ? besoin de se réaliser ? Le désir d'enfant a ses raisons que la raison ne connaît pas toujours... surtout à 40 ans ! Une chose est sûre : quand il déferle dans nos vies tel un tsunami, rien ne peut l'arrêter...

Mais quand Mère Nature nous joue des tours et refuse d'exaucer notre vœu le plus cher, une question nous obsède : pourquoi moi ?

D'aucuns nous répondront que notre âge « mûr » ne facilite pas les choses ! Mais il n'est pas seul maître à bord : hygiène de vie, suivi psychologique et maîtrise du stress influent autant que le vieillissement de nos ovaires et de nos spermatozoïdes sur notre capacité à procréer.

Quant à la médecine, elle vole de ses ailes puissantes à notre secours. Si elle n'a pas encore définitivement repoussé les limites de la fécondité, elle y travaille activement et propose déjà de nombreuses techniques pour faciliter un accès tardif à la parentalité.

ESSAYEZ-VOUS VRAIMENT DE FAIRE UN ENFANT ?

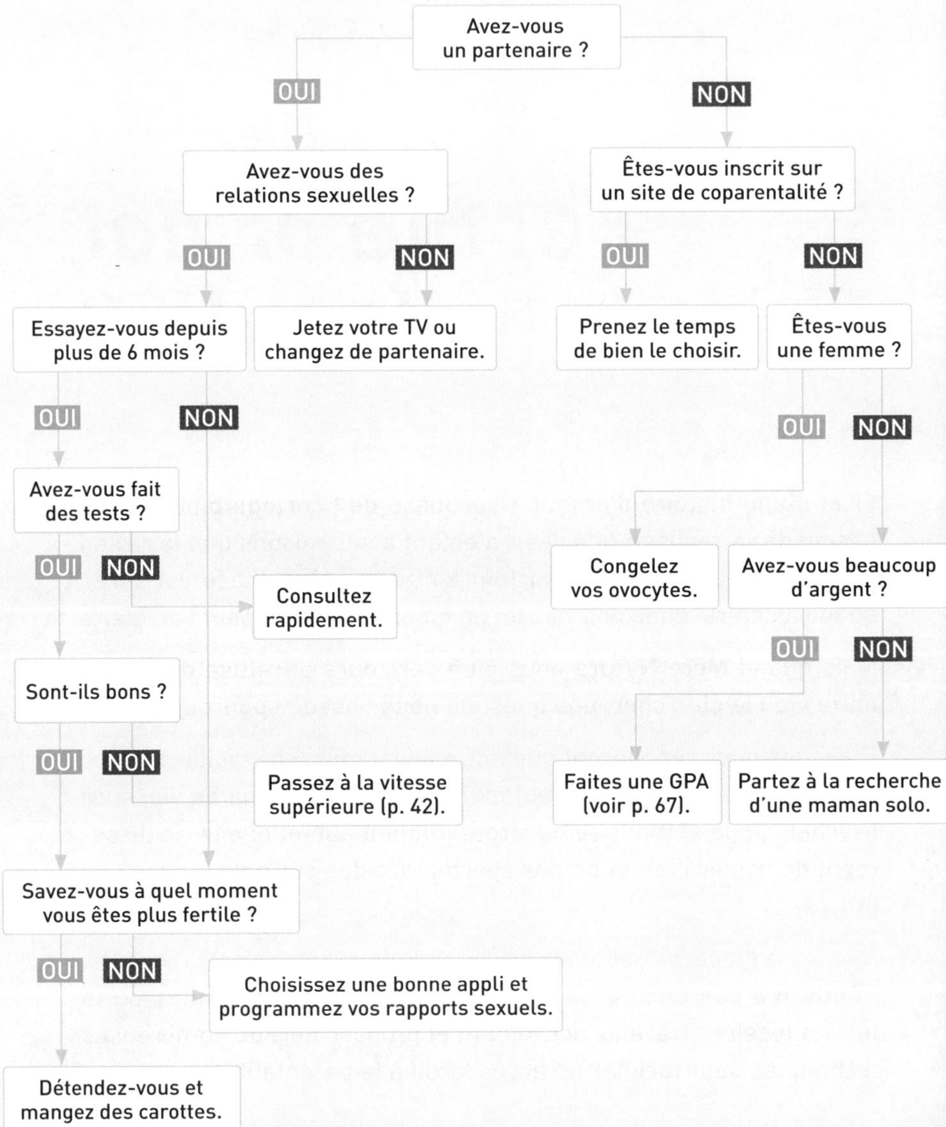

Avant d'explorer dans le détail les raisons qui perturbent votre projet bébé, posez-vous la question suivante : essayez-vous vraiment de faire un enfant ?

Notre test vous invite-t-il à consulter ? Si oui, il est temps de filer chez le gynéco faire un bilan d'infertilité.

QU'EST-CE QU'UN BILAN D'INFERTILITÉ ?

Le bilan d'infertilité se pratique généralement au bout d'un an de rapports sexuels réguliers non féconds. Mais, passé 40 ans, il est conseillé de ne pas attendre plus de 6 mois.

Allez-y en couple pour gagner du temps : dans 30 % des cas, l'infertilité est d'origine mixte et concerne donc les deux partenaires.

Le premier rendez-vous consiste en un interrogatoire poussé afin de repérer d'éventuels facteurs de risques d'infertilité. Le médecin regarde à la loupe :

- votre âge ;
- votre passif médical et chirurgical et celui de vos proches (maladie chronique ou génétique...) ;
- votre mode de vie (addictions, environnement, pénibilité du travail...) ;
- et votre vie sexuelle (fréquence et régularité des rapports, date d'arrêt de la contraception...).

Dans un second temps, il mène des investigations complémentaires pour poser un diagnostic en répondant à trois questions fondamentales :

- Le sperme de Monsieur contient-il assez de spermatozoïdes suffisamment mobiles pour atteindre et féconder l'ovocyte ?
- Les ovaires de Madame fonctionnent-ils bien ?

- Son appareil génital permet-il la rencontre des spermatozoïdes et de l'ovocyte ?

Les examens les plus couramment pratiqués sont :
- **Le spermogramme**, qui détermine la concentration, la mobilité et la morphologie des spermatozoïdes.
- **Le dosage hormonal** et l'échographie ovarienne, qui reflètent l'aptitude des ovaires à travailler.
- **L'hystérosalpingographie**, une radiographie des trompes et de la cavité utérine, qui vérifie que les voies génitales sont perméables et que rien ne s'oppose à la rencontre des gamètes. Notons que cet examen est de plus en plus souvent remplacé par une échographie *via* l'application d'un gel, beaucoup mieux tolérée et sans exposition aux rayons X !

Quant au test de Hühner, dont vous avez sans doute entendu parler, sachez qu'il n'est quasiment plus pratiqué du fait de sa faible valeur pronostique !

A priori, RAS !

Bébé est attendu depuis de longs mois, mais les cigognes n'ont toujours rien déposé sur le pas de votre porte, malgré un bilan d'infertilité plus qu'honorable, des ébats réguliers et votre parfaite connaissance du cycle ovarien !

Où se loge donc le problème ? Pourquoi votre bout de chou tarde-t-il à pointer le bout de son nez ?

Fallait le savoir !

Il existe des tests de fertilité masculine, tels que SwimCount ou SpermCheck à faire à la maison !

★ La question de l'âge

Ne nous voilons pas la face : même si tous les voyants sont au vert, votre âge peut jouer les perturbateurs ! « Il n'est pas forcément la cause majeure d'une infertilité, néanmoins, nos cellules ont notre âge, ce qui altère la qualité et la quantité de nos cellules reproductives », explique Nathalie Massin, endocrinologue de la reproduction au centre hospitalier intercommunal de Créteil.

Ceci étant dit, gardons en tête qu'en 2015 plus de 41 000 bébés sont nés de mères quarantenaires et que 17 % des nouveau-nés avaient un papa quadra.

Si le poids des années est bien réel, ne l'accusons donc pas trop vite ! D'autres facteurs peuvent altérer votre capacité à devenir parent.

★ Un p'tit tour chez le psy ?

Si tout fonctionne bien d'un point de vue strictement organique, la cause est peut-être à chercher… sur le divan !

Les freins psychologiques à la fécondité sont nombreux, difficilement détectables, ils nécessitent parfois le recours à la psychanalyse ou à la psycho-généalogie.

Joëlle Desjardins-Simon, psychanalyste et auteure du livre *Les Verrous inconscients de la fécondité*, l'explique ainsi : « Nous sommes tous porteurs d'une instance psychique très complexe, qui s'appelle l'inconscient, c'est le chef d'orchestre de nos vies à notre insu. Il est chargé de toutes nos émotions pulsionnelles de vie et de mort, de toutes les expériences que nous avons vécues depuis notre conception et de tous les traumatismes subis par les générations précédentes. Cela peut évidemment impacter notre capacité à devenir père ou mère ! Un désir d'enfant peut ainsi être affirmé haut et fort et redouté inconsciemment au dernier degré. Seul un travail sur soi et en couple peut lever ces blocages. Quand on approche de la quarantaine, le temps est compté et ce travail doit être entrepris rapidement dès que des difficultés de conception se font sentir. »

Ainsi, certaines femmes refusent inconsciemment de devenir mère, parce qu'on a nié leur féminité quand elles étaient enfants. D'autres paient le prix des traumatismes et des souffrances (avortement, inceste...) vécues par leurs grands-parents et arrière-grands-parents.

Quelle que soit votre histoire, un accompagnement psychologique peut être salutaire pour vous éviter de vous lancer bille en tête dans un parcours de PMA, probablement voué à l'échec ! Comme le rappelle Joëlle Desjardins-Simon : « Tout blocage psychique non déverrouillé autour du non-désir d'enfant inconscient rend le parcours de PMA inefficace. »

Dans d'autres cas, il n'est pas nécessaire d'aller consulter un spécialiste et un simple événement peut débloquer la situation de façon inattendue.

Témoignage

« Je suis tombée enceinte alors que ma gynéco me proposait d'entamer un parcours de PMA. »

« Cela faisait un an que nous étions en essai bébé avec mon compagnon. Son spermogramme était correct, les résultats de mon échographie pelvienne et de mon hystérosalpingographie étaient plus qu'honorables. Nous avions commencé à programmer nos rapports pour maximiser nos chances, et j'étais devenue une pro des applis d'ovulation ! Mais aucun bébé en vue ! Un mois avant mes 41 ans, ma gynéco me propose de passer à la vitesse supérieure et d'entamer un parcours de PMA : "Je vous fais juste une lettre de recommandation pour un de mes confrères, spécialiste des inséminations", me dit-elle en me tendant l'enveloppe. Je rentre chez moi, un peu déprimée. Je n'avais aucune envie de me lancer dans un parcours de PMA et mon compagnon non plus ! Un mois plus tard, mes règles tardent à venir. Je n'ose pas faire de test de grossesse, croyant à un simple retard. Mais la bonne nouvelle tombe : je suis enceinte ! Je retourne voir ma gynéco illico, qui m'accueille avec un grand sourire : "J'adore écrire ces lettres de recommandation : ça marche quasiment à tous les coups." »

Anne Lise P., primipare à 41 ans

Chassez le stress et la pression !

Vous culpabilisez d'avoir laissé filer le temps et votre désir d'enfant tourne à l'obsession ? Loin de nous l'idée de vous asséner l'insupportable « C'est parce que tu y penses trop ! »... Mais sachez que se mettre la pression est inutile, voire contre-productif ! « Les émotions jouent un rôle fondamental sur la production hormonale. Le stress perturbe clairement les cycles hormonaux et peut aller jusqu'à engendrer un arrêt de l'ovulation », explique Mia Fievez, thérapeute et créatrice de la méthode Positive Mind Attitude : « L'acceptation et le lâcher-prise sont deux attitudes essentielles à adopter. Contrairement à ce qu'on pense parfois, accepter la situation ne signifie pas que vous renoncez à votre projet, bien au contraire ! Nombre de couples finissent d'ailleurs par devenir parents tout simplement en arrêtant de se focaliser sur leur projet d'enfant. »

Vous l'aurez compris, la fertilité est un phénomène mystérieux où le facteur psychologique joue un rôle essentiel. Levez vos blocages, lâchez prise et vous multiplierez vos chances de pouponner dans quelques mois... Plus facile à dire qu'à faire ? Certes ! Mais la bonne nouvelle, c'est que ça se travaille ! Voici quelques astuces pour vous aider à vous détendre et mettre un peu de légèreté dans votre quotidien.

Méditez

Claire Andreewitch, naturopathe et coach bien-être, vous propose une méditation pour chasser vos angoisses et apprendre à vous recentrer.

Méditez !

Installez-vous sur une chaise, au calme, le dos bien droit et fermez les yeux. Respirez avec le ventre. Concentrez-vous sur votre souffle et observez vos sensations sans les juger. Considérez vos pensées comme des nuages qui passent, quelque chose d'éphémère.

À chaque respiration, ancrez-vous un peu plus dans le présent et seulement dans le présent :

- En inspirant, laissez un nouveau souffle vous envahir, faites-le plein de nouvelles perspectives et d'images positives.
- En expirant, libérez-vous des tensions, des émotions et des pensées négatives.

Poursuivez cette méditation pendant quelques minutes en ajoutant un mantra adapté à vos envies et à vos besoins de la journée. Par exemple :

- Avec l'inspiration : « Je me sens en sécurité, je suis aimée. »
- Avec l'expiration : « Je lâche prise et je me sens libre. »

Pimentez votre vie sexuelle

Vos rapports sexuels programmés ont chassé tout le charme et la spontanéité de vos ébats ? Testez donc ces deux applis pour remettre un peu de peps dans votre vie sexuelle : sexy 69 Positions sur Apple et iKamasutra Lite Sex Positions sur Android vous promettent des nuits torrides et… potentiellement fertiles ! ☺

★ Soignez votre hygiène de vie

Vous profitez encore largement de votre vie de *childfree* et vous avez bien raison : clopes, apéro entre copains, alimentation anarchique, horaires de bureau à rallonge, rythme décalé… Votre hygiène de vie mériterait-elle un petit lifting ?

OUI, car vous flirtez avec la quarantaine. Or soigner son hygiène de vie est un excellent levier pour lutter contre le vieillissement cellulaire.

Que vous soyez un homme ou une femme, même combat : levez le pied sur la cigarette et les excès alimentaires, réduisez votre consommation d'alcool et de caféine, faites du sport régulièrement, dormez suffisamment et bien sûr évitez les drogues ! OK, le programme n'est pas très réjouissant, mais il vous sera salutaire quand on sait par exemple que le taux de conception est deux fois moins bon chez les fumeuses et que 50 % des hommes touchés par l'infertilité sont obèses…

Rééquilibrez votre assiette et vos hormones

L'alimentation est un des facteurs clé qui influencent notre système endocrinien. Afin de préserver votre équilibre hormonal, Claire Andreewitch vous conseille : « Privilégiez avant tout une alimentation végétale et évitez les produits industriels, ainsi que le sucre (sauf celui que l'on trouve dans les fruits), le sel en excès, les produits laitiers, les aliments à index glycémique élevé (type pain blanc) et d'une manière générale, la suralimentation. »

Une petite faim ?

Testez cette recette de smoothie vert équilibrant : un en-cas sain et nutritif, à base de trois super-aliments qui favorisent l'équilibre hormonal.

Le maca est une plante adaptogène connue pour favoriser l'équilibre hormonal. La spiruline aide à détoxifier le corps notamment en soutenant le foie dans son travail de métabolisme. Et les graines de chia sont très riches en oméga-3, essentiel au bon équilibre hormonal :

- 1 cuillère à café de maca ;
- ½ cuillère à café de spiruline ;
- 1 banane ;
- 1 cuillère à soupe de graines de chia ;
- ¼ à ½ avocat ;
- jus d'amande sans sucres ajoutés ;
- en option pour plus de douceur : 1 grosse cuillère à café de miel bio.

Fuyez les perturbateurs endocriniens

La qualité de vos cellules reproductrices passe aussi par la qualité de votre environnement. S'il n'est pas toujours facile de bannir de son quotidien **la pollution atmosphérique, le bisphénol A, les pesticides** et d'autres substances peu sympathiques, il est possible de les limiter ou d'en diminuer l'impact. Voici quelques réflexes simples :

- évitez de chauffer le plastique au micro-ondes et préférez les contenants en verre ;
- limitez les produits d'entretien et les désodorisants d'intérieur en privilégiant les nettoyants naturels (vinaigre blanc, jus de citron, etc.) ;
- choisissez des cosmétiques bios si possible ou *a minima* sans parabènes et sans phtalates ;
- aérez votre intérieur pour recycler l'air au moins une fois par jour ;
- consommez du thé vert et du curcuma qui aident à la dégradation des toxines.

Messieurs, gardez vos testicules au frais

Le saviez-vous ? Plusieurs études révèlent que **la chaleur nuit à la vitalité des spermatozoïdes**. Pour garder vos testicules au frais (à une température maximale de 37 °C), oubliez les pantalons et slips trop ajustés, évitez de poser directement votre ordinateur sur les cuisses et faites-vous offrir un boxer dans un textile qui isole vos précieuses des ondes de votre smartphone, souvent glissé dans la poche du jean !

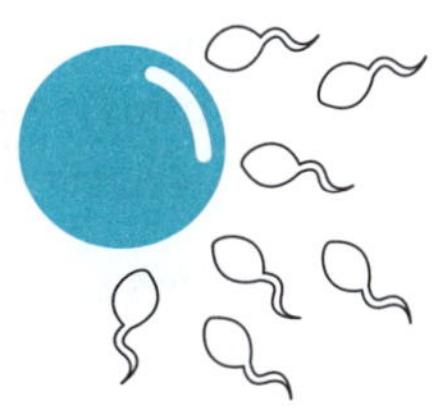

INFO OU INTOX ?

On entend parfois parler « d'incompatibilité de couple » Ce terme sous-entend un dysfonctionnement physique entre deux personnes ayant déjà eu des enfants séparément et qui ne parviennent pas à procréer ensemble. Or, cela relève du mythe ; Nathalie Massin, endocrinologue de la reproduction au centre hospitalier intercommunal de Créteil est catégorique : « L'incompatibilité de couple sur le plan organique n'existe pas. »

Un petit dérèglement, rien de plus…

« Tout va bien, MAIS… » Quand le discours du gynécologue commence comme ça, on sent comme une légère angoisse pointer le bout de son nez. Pourtant, la situation n'a souvent rien d'alarmant et ne nécessite pas un recours immédiat à la PMA…

Les solutions sont alors médicamenteuses ou chirurgicales.

♀ Mesdames…

Vos cycles sont longs, irréguliers, voire inexistants ? Vous avez sans doute une **ovulation qualifiée d'aléatoire**, une des premières causes d'infertilité féminine. Pas de panique ! Les **inducteurs d'ovulation** *via* des comprimés ou des injections peuvent vous aider. Néanmoins, attention aux effets secondaires désagréables : troubles de la vision, bouffées de chaleur, maux de tête. Un savant dosage est donc recommandé !

Vos soucis sont plutôt d'ordre anatomique ? Une intervention chirurgicale peut résorber un problème de trompes bouchées, deuxième cause d'infertilité féminine, ou réparer des **pathologies ovariennes** (kystes) ou utérines (polypes, fibrome dans la cavité, etc.).

ZOOM SUR LES TROMPES !

Petit rappel : les trompes ont un rôle primordial dans la fécondation, puisque l'ovule, une fois libéré par l'ovaire, va se nicher dans leurs pavillons.

L'obstruction tubaire est une anomalie qui gêne le mouvement et la progression de l'ovule et des spermatozoïdes.

Ses causes ? Des infections génitales ou utérines ou encore de l'endométriose !

Pour la détecter, deux examens, réputés douloureux, permettent de vérifier la perméabilité des trompes : l'hystérosalpingographie ou l'hysterofoamsalpingosonographie.

Même si vos deux trompes sont bouchées, il est possible d'avoir recours à la chirurgie. Plusieurs types d'opérations sont alors envisageables en fonction de l'état d'atteinte des trompes : la canulation tubaire ou l'intervention par cœlioscopie.

Vous êtes frappée d'endométriose ?

La solution à apporter est moins évidente, comme l'explique Nathalie Massin, endocrinologue de la reproduction au centre hospitalier intercommunal de Créteil : « On peut tout voir dans l'endométriose, des formes les plus bénignes où la conception naturelle est possible à l'endométriose sévère touchant l'ensemble de l'appareil génital et parfois même digestif. La prise en charge dépend du niveau d'atteinte, de la gravité et de l'âge de la patiente. La chirurgie est envisageable dans certains cas, à éviter dans d'autres. Si la patiente approche des 40 ans, mieux vaut ne pas perdre de temps et opter directement pour une FIV. »

L'endométriose est une maladie encore méconnue, qui touche plus d'une femme sur dix. Le diagnostic est parfois difficile à poser. Si vous avez des doutes, mieux vaut aller rapidement consulter un spécialiste.

Témoignage

« J'ai toujours eu des douleurs de ventre. Pendant 15 ans, j'ai fait des tas d'examens, vu un nombre incalculable de médecins et récolté des diagnostics plus farfelus les uns que les autres. Je me suis même entendu dire que ces douleurs ne pouvaient être que dans ma tête !

On ne m'a parlé d'endométriose qu'à l'aube de mes 38 ans. La gynécologue qui m'a diagnostiquée m'a prescrit une pilule censée faire "fondre" la maladie ! Échec total, évidemment !

> « J'ai eu un enfant naturellement à 40 ans, malgré mon endométriose. »

Je suis allée voir sur le forum d'Endofrance et on m'a orientée vers des spécialistes. Mon endométriose était en réalité une adénomyose et elle commençait à attaquer mes organes. J'ai finalement été opérée par un grand ponte, qui a procédé à un nettoyage partiel de la maladie tout en me laissant mon utérus. Sans disparaître totalement, les douleurs ont diminué. Mon compagnon et moi avons commencé les essais bébé, en stimulant un peu mon ovulation grâce à un cocktail sur mesure. Alors que nous étions sur le point d'entamer un parcours de PMA, je suis tombée enceinte spontanément deux mois plus tard !

Aujourd'hui j'ai encore des douleurs de ventre et je sais que la seule façon de les faire totalement disparaître passe par l'ablation de l'utérus. Mais je ne suis pas prête à repasser sur le billard car ma vie de maman quarantenaire me prend beaucoup de temps et d'énergie. »

Isabelle N., maman à 40 ans

★ ♂ Messieurs...

Liée à la qualité de votre sperme ou à des problèmes d'ordre mécanique, infectieux ou génétique, votre infertilité peut, dans certains cas, se traiter grâce aux médicaments ou à la chirurgie. Ainsi, si vous souffrez de **prostatite** (infection aiguë ou chronique de la prostate), des antibiotiques peuvent redonner du peps à votre sperme ! En cas de **varicocèles** (des varices qui se développent au niveau des testicules), il est possible d'envisager une intervention chirurgicale, avec des résultats toutefois mitigés. Enfin, certaines formes **d'azoospermie** rares peuvent être traitées grâce à des injections hormonales au long cours.

FOCUS SUR L'AZOOSPERMIE

Elle concerne 10 % des hommes consultant pour infertilité. Il s'agit d'une absence totale de spermatozoïdes dans le sperme.

Elle peut être **obstructive** (due à une obstruction au sein des canaux transportant le sperme) ou **sécrétoire** (suite à un problème de formation des spermatozoïdes au niveau des tubes séminifères). La première peut être « réparée » *via* une intervention chirurgicale visant à rétablir une circulation normale des spermatozoïdes, mais la seconde se soigne plus difficilement et nécessite souvent le recours à la FIV ou au don de sperme.

Boostez votre fertilité avec des compléments alimentaires

Chez la femme : du sélénium, du magnésium, du zinc et des vitamines C et E pour diminuer le stress oxydatif, des vitamines du groupe B pour réguler l'ovulation et de la vitamine D pour stimuler la fertilité.

Chez l'homme : le DHA, le zinc et le sélénium pour augmenter le nombre et la mobilité des spermatozoïdes.

À noter : évitez de vous fournir sur Internet, ce que vous trouverez n'est pas toujours de la meilleure qualité. D'autre part, ces compléments alimentaires doivent être dosés au cas par cas (consultez votre médecin).

On n'y arrivera pas tout seul !

Âge trop avancé, endométriose sévère, faible qualité du sperme : votre projet d'enfant semble sévèrement compromis… Pourtant, votre désir reste intact et vous comptez bien réaliser votre rêve le plus cher ! Ça tombe bien, vous n'avez pas joué toutes vos cartes et la médecine vole à votre secours. Certes, ce n'était pas votre premier choix et vous auriez préféré connaître les joies d'une grossesse spontanée, mais l'option PMA s'offre à vous comme celle de la dernière chance… Alors, pourquoi ne pas la saisir ?

★ Ne perdez pas votre temps !

Autour de 40 ans, les chances de faire un enfant s'amenuisent et le temps n'est pas franchement votre allié ! Comme le rappelle Nathalie Massin, endocrinologue de la reproduction au centre hospitalier intercommunal de Créteil : « Une femme de 38 ans qui démarre un projet de bébé a 15 % de risques de ne jamais avoir d'enfant et ce chiffre passe à plus de 35 % pour une femme de 40 ans, même avec la PMA… »

L'option PMA vous questionne et donne lieu à des discussions au sein de votre couple ? C'est bien naturel mais soyez proactifs. Prendre l'avis d'un spécialiste ne vous engage à rien et vous fera, au mieux, gagner du temps !

★ Informez-vous !

« Quand on entame un parcours de PMA, on a la sensation de perdre le contrôle de son projet d'enfant, puisqu'on s'en remet aux mains des médecins. C'est d'autant plus angoissant qu'on est face à l'inconnu ! », explique Mia Fievez, thérapeute et créatrice de la méthode Positive Mind Attitude.

Insémination ? FIV ? don d'ovocytes ? Documentez-vous pour ne pas être perdus lors de votre premier rendez-vous pour l'AMP (assistance médicale à la procréation).

Où chercher l'info ?

- **Sur Internet**, de nombreux sites sont spécialisés sur le sujet : www.myferti.com, www.fiv.fr et pmafertilite.com.
- **Dans le cabinet du gynéco :** n'hésitez pas à lui poser toutes les questions qui vous passent par la tête, aucune n'est idiote !
- **Auprès des copains :** compte tenu de l'augmentation constante du nombre de PMA en France, vous avez probablement des amis qui sont passés par là... S'ils y sont disposés, parlez-en avec eux ! Même si chaque parcours est unique, ils vous diront quels écueils éviter.

Faites-vous accompagner par des associations

Elles vous aident à faire vos choix et proposent des programmes d'accompagnement très complets. Seul(e) ou en couple, verbaliser les choses est essentiel pour apprendre à encaisser les faux espoirs, faire le deuil de l'enfant naturel, vaincre son sentiment de culpabilité, survivre dans un environnement hypermédicalisé et préserver sa vie de couple.

Voici notre sélection :

- http://maia-asso.org est une mine d'informations sur l'infertilité et les techniques de PMA. Elle possède également un forum très actif (payant) ;
- http://celiafertilite.fr répond quotidiennement à vos questions sur l'infertilité grâce à sa hotline, propose des rendez-vous personnalisés et vous donne accès à des groupes de parole ;
- www.lescigognesdelespoir.com met à disposition un annuaire de spécialistes en médecine douce et propose régulièrement des conférences.

Préparez votre corps

Les médecines douces préparent votre corps et optimisent vos chances de réussite : sophrologie, ostéopathie, acupuncture soulagent le corps, libèrent des addictions (tabac, drogue, surpoids...), calment les esprits en cas de coups durs et... peuvent avoir un impact direct sur votre fertilité !

L'ACUPUNCTURE POUR SE PRÉPARER À LA FIV

L'acupuncture se révèle particulièrement efficace pour améliorer les troubles reproductifs : elle permet de rétablir la régularité du cycle menstruel et agit sur la qualité de la glaire cervicale. Dans le cas précis de la FIV, elle favorise l'augmentation du flux sanguin au niveau de l'utérus et entraîne une meilleure réceptivité à l'embryon. Les séances se pratiquent la veille, le jour J et le jour suivant la FIV.

Fallait le savoir !

Même si rien n'est scientifiquement prouvé, les cures thermales avec option « fertilité » peuvent participer au déclenchement d'une grossesse. Compresses d'eau de mer et irrigations vaginales stimuleraient l'ovulation et augmenteraient la qualité de la glaire cervicale. À noter : ces cures de fertilité peuvent être prises en charge par la Sécurité sociale.

« Nous ne saurons jamais dans quelle mesure cela nous a aidés, mais ma femme est tombée enceinte au retour d'une cure de fertilité de trois semaines, alors que nous avions enchaîné quatre échecs de FIV en 3 ans. Cette cure a été l'occasion de prendre soin de soi pour ma femme, dans un parcours où le corps et l'esprit étaient fortement sollicités », raconte Benoît C., devenu papa spontanément à 43 ans, après un long parcours de PMA.

Quelles options pour moi ?

Il est facile de s'égarer sur les chemins sinueux de la PMA... Vous avez bien une petite idée de ce qui vous attend, mais avant d'entamer votre parcours, essayez de le visualiser en fonction des infos dont vous disposez :

♀ AUTOUR DE 40 ANS

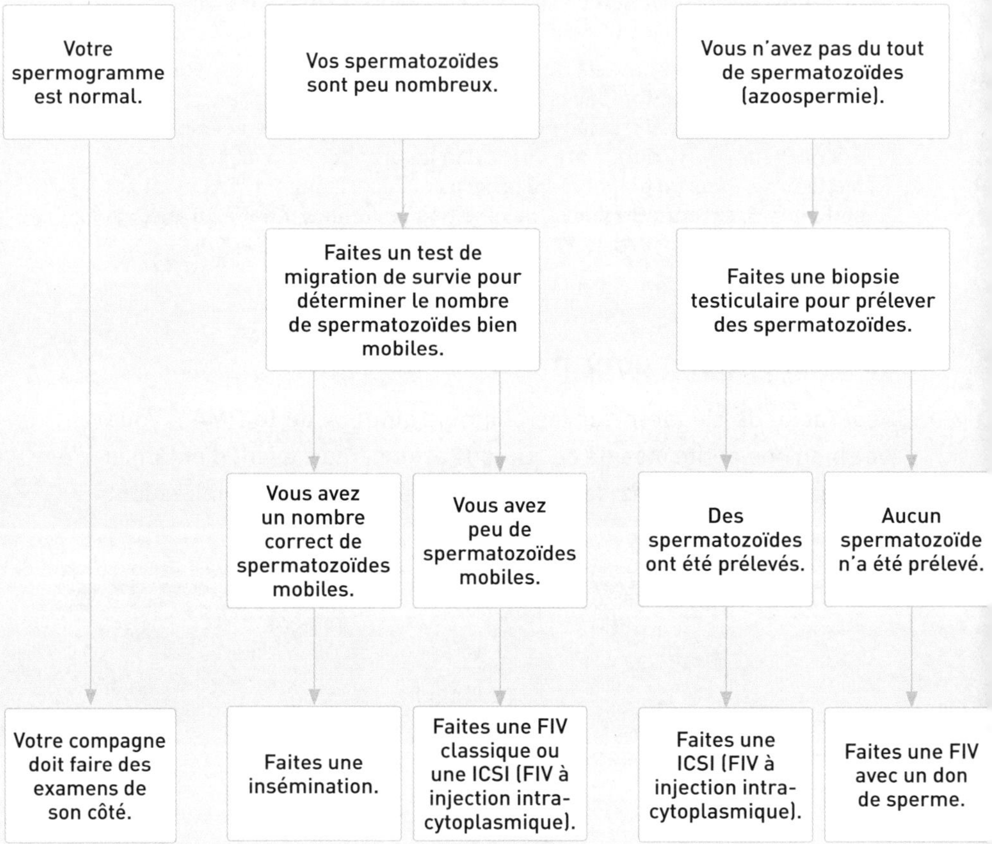

♂ AUTOUR DE 40 ANS

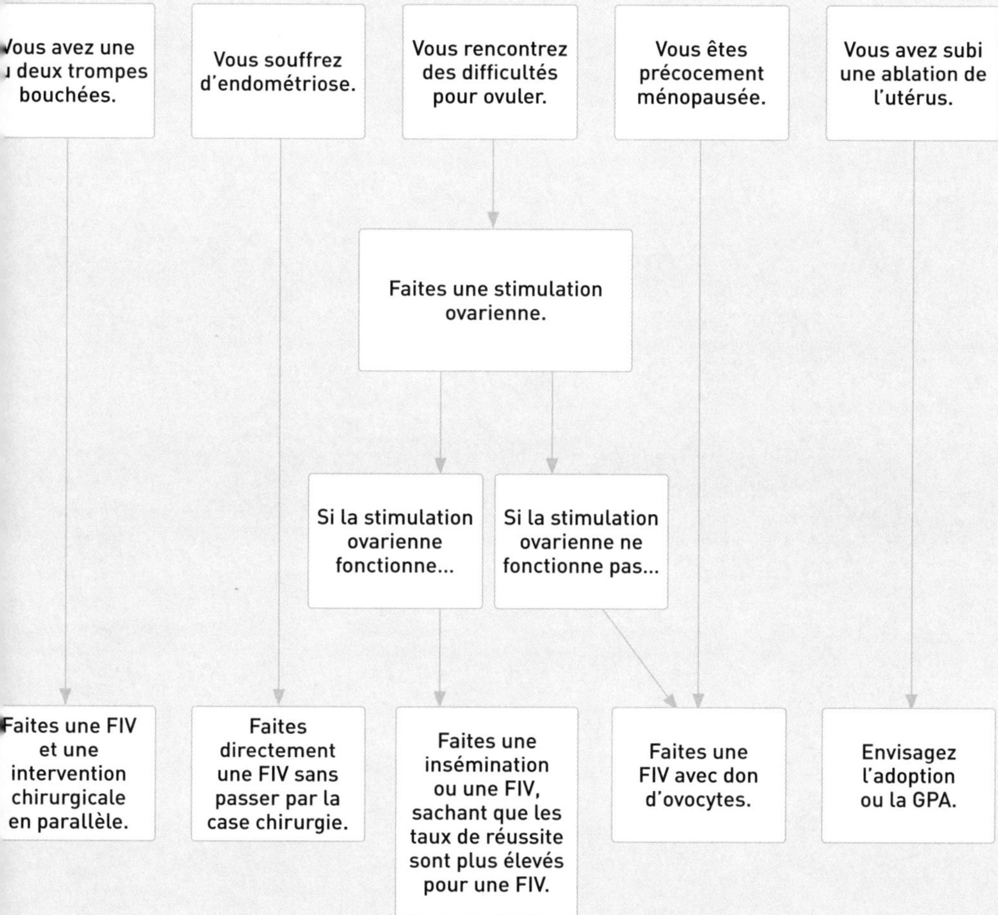

Chapitre 3

La PMA : se donner toutes les chances de réussir !

Soyons honnêtes, la PMA est un parcours médicalisé, par définition ; vous confiez votre projet de famille à un protocole froid et rigide. Quant au mot « parcours », il n'est pas choisi par hasard ! Il existe de nombreuses approches selon votre dossier médical, votre situation géographique ou même vos interlocuteurs… La bonne nouvelle ? Pour 70 % des protocoles engagés, c'est la vie qui l'emporte !

Une chose est sûre, la solidarité nationale (en clair, l'assurance maladie) accompagne le désir d'enfant même pour les cas les plus coriaces ! Un soulagement pour la plupart des futurs parents, mais un coup dur pour ceux qui ne rentrent pas dans le cadre.

CE QUE DIT LA LOI EN FRANCE

La PMA est actuellement réservée aux couples hétérosexuels, dont l'un des deux est victime d'une infertilité médicalement constatée ou présente une maladie grave susceptible d'être transmise à l'enfant. Le couple doit être marié ou en concubinage depuis au moins 2 ans.

Les frais liés à la PMA sont intégralement pris en charge par la Sécurité sociale dans la limite de quatre fécondations *in vitro* et six inséminations intra-utérines jusqu'au 1er jour des 43 ans de la femme.

Insémination artificielle ou FIV ? telle est la question

★ L'insémination artificielle

L'insémination artificielle est une méthode de procréation médicalement assistée qui consiste à déposer du sperme dans l'appareil génital de la femme au moment de l'ovulation. La rencontre du spermatozoïde et de l'ovule s'effectue donc sans rapport sexuel mais de manière naturelle.

Comment cela se passe ? Généralement, les médecins préfèrent aider les ovaires à fabriquer leurs propres ovocytes. Tout commence par une stimulation ovarienne dont les effets sont suivis par une échographie et des dosages hormonaux. Puis, une injection en milieu de cycle déclenche l'ovulation. 36 heures plus tard, l'insémination est réalisée avec la semence de Monsieur, recueillie le matin même dans un laboratoire spécialisé. Le sperme est analysé et préparé pour sélectionner les spermatozoïdes les plus mobiles. Puis ils seront rapidement transportés à l'intérieur d'une seringue vers le lieu de l'insémination pour être déposés à l'intérieur de l'utérus.

Point – : une période d'abstinence pour l'homme de 3 à 5 jours est en général conseillée auparavant.

Point + : l'insémination est un geste simple et indolore. Après l'insémination, il suffit à la femme de rester allongée 10 à 30 minutes avant de reprendre une vie normale.

★ La fécondation *in vitro*

La fécondation *in vitro* peut en théorie paraître simple puisqu'elle consiste à recréer en laboratoire « dans le verre » (traduction littérale du latin) ce qui se passe normalement au moment de la fécondation dans les trompes de la femme. Elle peut se résumer en trois grandes étapes : le recueil des cellules sexuelles mâles et femelles (les gamètes), la fécondation et le transfert du ou des embryons.

Comment cela se passe ? Tout commence exactement comme pour une insémination artificielle : stimulation puis déclenchement de l'ovulation. 36 heures après, les ovocytes sont aspirés à l'aide d'une aiguille guidée par une sonde d'échographie placée dans le vagin, c'est ce qu'on appelle « la ponction » Ceci se passe habituellement sous anesthésie locale. Les biologistes espèrent alors trouver des ovocytes matures nécessaires à la fécondation. Ensuite, la fusion de l'ovule et des spermatozoïdes se déroule « naturellement » sur une plaque de culture (ou en déposant directement le spermatozoïde à l'intérieur de l'ovule, c'est une ICSI). Cette manipulation est réalisée plusieurs fois afin de pouvoir sélectionner les meilleurs embryons. Cinq à six jours plus tard, la paroi de l'utérus (endomètre) est préparée avec une nouvelle stimulation et l'embryon est transféré par le gynécologue. Deux semaines plus tard, le test de grossesse annonce le résultat.

Point – : l'attente est difficile à supporter. La méthode est extrêmement coûteuse.

Point + : le taux de réussite est meilleur que pour une insémination.

★ En savoir plus sur les centres de PMA

Tous les centres sont-ils équivalents ? Dispensent-ils tous les mêmes traitements ? Existe-t-il un classement des centres les plus performants ? Ces questions se posent avant de commencer un parcours de PMA, mais aussi lorsqu'on a subi plusieurs échecs.

En 2013, *L'Express* rend public un classement basé sur des données, jusqu'ici inexplorées et crée un palmarès des meilleurs centres de PMA, fondé sur deux critères : le taux de réussite et l'âge de la femme.

Voici les trois premiers du podium ! Ils ont les meilleurs résultats en France, pour les femmes âgées de 40 à 43 ans.

- Médaille d'or : Clamart, hôpital Antoine-Béclère (92).
- Médaille d'argent : Paris XIIIe, groupe hospitalier Cochin-Saint-Vincent-de-Paul.
- Médaille de bronze : CHRU de Tours.

Selon Laurence Monier, fondatrice de CELIA Fertilité, le choix du centre de PMA doit évidemment faire l'objet d'une réflexion en amont car on ne sait pas à l'avance combien de temps peut durer un parcours : « Concernant les centres de PMA, l'aspect logistique est essentiel : le "bon" centre n'est peut-être pas celui qui est juste derrière chez vous, mais celui qui est à côté de votre bureau, celui qui propose une grande amplitude horaire et qui ouvre le week-end, celui qui externalise les examens et vous évite ainsi de longues heures d'attente... Pensez à vous simplifier la vie, si vous le pouvez ! »

Quand on approche de la quarantaine, la situation se complexifie encore un peu plus. Certains centres refusent des patientes considérées « âgées » pour ne pas faire baisser leurs statistiques. D'autres, souvent privés, se spécialisent dans les PMA ultra-tardives mais sans garantie de résultats et finissent parfois par vous envoyer à l'étranger après avoir ponctionné vos ovocytes et... votre porte-monnaie !

Témoignage

« FIV ou insémination artificielle, il y a débat dans le corps médical. D'une part en raison du coût, une FIV coûte 4 000 euros à la collectivité, alors qu'une insémination ne coûte que 1 500 euros. Et, d'autre part, en raison de l'efficacité. Une FIV donne des résultats plus sûrs, et certains d'entre nous préfèrent éviter de faire perdre du temps à leurs patients quarantenaires.

« FIV ou insémination artificielle, il y a débat dans le corps médical. »

Par ailleurs, certaines équipes n'ont pas les moyens de se soucier de l'état psychologique du couple. Je peux comprendre que les patients se sentent perdus. La solidité de leur couple est un facteur déterminant, certains ne seront jamais rassurés, tout simplement parce qu'ils traversent une épreuve, et que ça, on ne peut pas le leur enlever. »

Dr Nathalie Massin, endocrinologue

Fallait le savoir !

Dans les hôpitaux publics, il n'y a théoriquement pas de dépassements d'honoraires, le délai d'attente pour un rendez-vous peut être de 4 mois. Cependant, il est possible pour un médecin de la reproduction de pratiquer des dépassements d'honoraires à l'intérieur de l'hôpital public. Les rendez-vous sont alors plus rapides à obtenir (1 à 2 mois), mais le matériel, l'infrastructure et l'équipe restent identiques.

Nos 6 astuces anti-déprime

Comment vivre l'attente des résultats, pire, les échecs qui se succèdent ? Voici six clés à lire et relire sans modération :

- **Choisissez un gynécologue avec qui vous pouvez discuter.** Comprendre ce qu'il se passe est essentiel. Mais surtout, vous donnez accès à votre vie de couple, votre intimité, c'est précieux, vous devez vous sentir en confiance et respectés !
- **Interrogez-vous sur votre désir d'enfant.** Comprendre ce désir, c'est donner du sens à votre parcours.
- **Prenez le temps d'oublier le temps.** Les yeux rivés sur votre agenda, vous ne cessez de compter les jours, c'est hyperstressant pour le couple et disons-le, tue-l'amour !
- **Ne culpabilisez pas,** en vous disant que vous êtes vieux et que vous auriez dû y penser avant, que tout est de votre faute, etc. Acceptez simplement ce qui vous arrive, aucune supposition ne remplacera la réalité !
- **Continuez à vivre.** Même si le cœur n'y est pas, acceptez les invitations de vos amis et ne gardez pas votre tristesse pour vous. Au travail ? Si vous avez une relation de confiance avec vos supérieurs hiérarchiques, parlez de votre parcours, ce sera un poids en moins.
- **Entourez-vous !** Quand ça ne va pas, on a tendance à penser qu'on est seul au monde, et que personne ne nous comprend.

Détrompez-vous, il y a en moyenne 150 000 personnes par an qui font appel à l'AMP (assistance médicale à la procréation).

★ ♀ Pour vous, Madame, un petit éclairage !

Parlons injections avec Raphaëlle C., primipare à 41 ans de jumeaux suite à une FIV : « J'ai commencé une première série d'injections en été mais l'infirmier de quartier s'est trompé dans les dosages. J'étais suivie par l'équipe du professeur Frydman qui s'en est rendu compte. Le coup a été dur, la stimulation ovarienne était médiocre. Nous avons quand même fait une insémination, qui a échoué. Là, j'ai recommencé le traitement, en me piquant moi-même. J'avais une véritable phobie des piqûres et jamais je n'aurais imaginé être capable de ça. Au début, il y a une piqûre chaque soir, puis deux, pour finir à une (cinquantaine) de piqûres par cycle. À cela, il faut ajouter les prises de sang (deux fois par semaine) qui mesurent les effets du traitement. On perd le contrôle de son corps, mais au fond c'est moins dur que ce qu'on imagine. J'ai éprouvé une grande fatigue avec ce traitement et à la fois un sentiment de bien-être et de ballonnement comme si j'étais enceinte. Malheureusement, les médecins n'ont pas le temps de faire de la pédagogie, j'ai appris avec les livres et les amies. »

★ ♂ Pour vous, Monsieur, un petit éclairage !

Parlons recueil (de sperme) avec Benoît C., papa à 43 ans : « En l'espace de deux ans et demi, nous avons fait quatre FIV, une traversée du désert usante tant sur le plan psychologique que physique. Le recueil, je l'ai vécu comme un acte solitaire et isolé, dénué de sens profond. On a l'impression de faire un enfant chacun dans son coin. Il m'est même arrivé de croiser l'homme qui était avant moi dans la salle. Depuis peu, il existe des salles de recueil où la femme peut être présente, c'est mieux. La force de notre couple ? Communiquer et évoquer tous les sujets en amont. Nous sommes là, l'un pour l'autre. Notre rencontre, bien que tardive, a été une évidence. »

Une bonne nouvelle peut en cacher une autre

Mariah Carey ou Céline Dion n'ont rien d'exceptionnel ! Mères de jumeaux à 41 et à 42 ans, elles sont représentatives d'un phénomène croissant. En quarante ans, le taux de naissances de jumeaux a presque doublé dans les pays développés ! Dans trois pays sur quatre, il continue d'augmenter comme en France, aux États-Unis ou au Royaume-Uni. Derrière ce boom des jumeaux, il y a la PMA. Stimulation ovarienne ou FIV, un couple possède 25 % de chances d'avoir des jumeaux lors d'un parcours de PMA contre 1,6 % naturellement ! N'oublions pas non plus que plus on vieillit, plus le risque de grossesse multiple est important. Le taux de grossesses gémellaires est d'ailleurs de 5,8 % à 20 ans, contre 13 % entre 35 et 39 ans...

Explication de texte : la grande majorité des FIV sont réalisées sur cycle stimulé afin d'obtenir plusieurs ovocytes. Ces ovocytes sont ensuite fécondés (*in vitro*) pour obtenir de « beaux » embryons. Si plusieurs embryons ont de belles chances de résultat, c'est aux futurs parents de choisir le nombre d'embryons à implanter. En France, on ne transfère jamais plus de deux embryons en même temps, il s'agit dans ce cas de « faux » jumeaux.

★ Limiter les grossesses multiples

À vrai dire, les praticiens sont divisés. Pour les femmes les plus jeunes, la tendance favorise un transfert sélectif très précis, d'un embryon unique (le protocole e-SET). Pour les parents plus tardifs, la question est délicate.

« D'un côté, la grossesse gémellaire comporte des risques comme le diabète gestationnel, et de l'autre, si le transfert d'un embryon unique échoue, il faut recommencer le protocole », raconte Raphaëlle.

Témoignage

« La question se pose dès le début. À 41 ans, on me conseillait d'opter pour la dépose de deux embryons. Je ne réalisais pas au fond de moi que cela puisse marcher. L'annonce de ma grossesse gémellaire a été un choc. "Vous avez deux sacs !" m'a-t-on soufflé. "Deux sacs de quoi ?" J'étais sonnée mais, en fait, c'est la plus belle chose qui nous soit arrivée, c'est une double dose d'amour ! »

Raphaëlle C., maman de jumeaux à 41 ans

Quand faire un bébé passe par le don

Nos grands-mères disaient bien que les bébés naissent dans les choux, alors, donner naissance grâce au don de gamètes, c'est moins champêtre, mais bien plus réaliste !

Il est aujourd'hui possible de devenir parent quand on a une maladie transmissible, un dysfonctionnement des organes reproducteurs ou une ménopause précoce. En 2015, 256 enfants sont nés grâce à un don d'ovocytes, et 971 grâce à un don de spermatozoïdes.

C'est une réalité qui se vit en France, mais aussi à l'étranger. Dans tous les cas, bébé évolue pendant neuf mois dans le ventre de SA maman !

CE QUE DIT LA LOI EN FRANCE

Régi par la loi de bioéthique, le don de gamètes (ovocytes et spermatozoïdes) a connu quelques remaniements en 1994 puis un élargissement en 2011. Le don est pour tous anonyme, gratuit et volontaire, il se pratique dans des centres hospitaliers. Seules les personnes éligibles à la PMA peuvent bénéficier du don.

Il est recommandé que les hommes donneurs soient âgés de 18 à 45 ans et les femmes donneuses de 18 à 37 ans et, bien entendu, en bonne santé. Les donneurs peuvent être en couple ou célibataires, avec ou sans enfant.

L'affiliation est reconnue de droit pour les couples bénéficiaires du don, qu'ils soient mariés ou non. Ils doivent néanmoins faire un consentement devant le juge ou le notaire garantissant l'anonymat du donneur.

La nécessité du don est prescrite par votre médecin. Il doit être la conséquence d'une pathologie préalablement établie.

Le don est un sujet délicat en France. Récente dans sa pratique, méconnue et victime d'un certain nombre de préjugés, la fécondation par don apparaît comme une « popote » de scientifiques. C'est cependant, une pratique extrêmement bien encadrée en France.

Quels sont les points forts du système français ?

- Les donneurs sont littéralement scannés génétiquement. La compatibilité avec les cellules du receveur est testée. Les risques de maladie génétique sont pratiquement nuls.
- Les donneurs peuvent bénéficier de la congélation de leur propre gamète. À utiliser plus tard pour eux, s'ils rencontrent des problèmes de procréation.
- C'est intégralement remboursé par la Sécurité sociale.

Quels sont les points faibles du système français ?

- Le temps d'attente pour un don d'ovocyte est de trois à cinq ans contre six mois en Espagne (possibilité de venir avec une donneuse pour diminuer l'attente).
- Le don n'est pas accessible aux couples lesbiens ou au parent seul.
- On ne peut pas choisir le/la donneur(se).

Où se renseigner pour le don ?

C'est l'agence de la biomédecine qui encadre cette démarche ; deux sites y sont dédiés : www.dondovocytes.fr et www.dondespermatozoides.fr.

Vous y trouverez une mine d'informations pratiques, de la pédagogie et des rendez-vous d'information dans toute la France.

Fallait le savoir !

La congélation des embryons est une pratique courante dans le parcours de fécondation *in vitro* (FIV). Un embryon peut être donné. Il n'y aura aucun lien de filiation possible entre cet enfant et le couple à l'origine du don.

Le double don, c'est-à-dire la fusion d'un don de sperme et d'un don d'ovocyte, est interdit en France.

Témoignage

« J'ai peur qu'un jour ils me disent : "T'es pas ma mère." »

« Quand j'ai rencontré mon futur mari, nous avons tout de suite parlé bébé, j'avais 31 ans. Je ne tombais pas enceinte. Alors, nous sommes allés dans une clinique privée où nous avons fait six inséminations et deux FIV sans succès. J'ai fini par me confier à une collègue qui est passée par le don d'ovocyte. En comparant nos bilans de fertilité, nous nous sommes aperçues que nous avions le même profil. Le problème venait donc de moi. Direction l'hôpital Cochin, j'étais prête à entendre parler du don d'ovocyte, et mon mari aussi ! L'équipe m'annonce deux à trois ans d'attente (moins en venant avec une donneuse). En parlant avec ma famille, ma belle-sœur s'est proposée. Son dossier est passé, elle a suivi tout le protocole et a donné anonymement à un autre couple. Nous n'étions pas prioritaires du fait de mon « jeune » âge, nous avons attendu un an et demi. Le jour J, mon mari a donné en même temps que la donneuse. Nous l'avons peut-être croisée dans les couloirs ! Ils ont implanté deux embryons avec succès. Deux semaines plus tard, j'ai des saignements importants, je n'avais plus qu'un embryon. Il a fallu attendre plusieurs semaines pour entendre son cœur. Nous avons eu notre premier enfant, une fille. Pour mon fils, les choses avaient changé, il fallait impérativement venir avec une donneuse, une autre belle-sœur s'est proposée.

J'ai peur qu'un jour mes enfants me disent : "T'es pas ma mère", pour moi, ça aura un autre sens. Ce sont des questionnements pas toujours faciles à surmonter. »

Isabelle A., maman de 2 enfants issus du don d'ovocyte en France

La pénurie des donneuses est le principal facteur qui pousse les Français à vivre cette aventure à l'étranger.

Le docteur Céline Chalas, biologiste de la reproduction à l'hôpital Cochin, précise : « Dans notre établissement, nous n'avons, qu'une quarantaine de donneuses par an qui viennent ouvrir un dossier. Seulement vingt-cinq sont ponctionnées, ce qui permet la prise en charge maximum de cinquante, voire plutôt trente couples, c'est très peu, comparé aux cent cinquante demandes. »

★ Quand le don se vit à l'étranger

Plus de deux mille femmes sont concernées chaque année par l'insuffisance ovarienne, un obstacle qui se surmonte grâce au don d'ovocyte. 80 % d'entre elles choisissent de réaliser leur projet de famille à l'étranger. Une législation trop stricte excluant les couples homosexuels et les parents solos, une liste d'attente trop longue pour des parents quarantenaires, une chose est sûre, la France ne fait pas le poids devant ses voisins européens !

L'Espagne est la destination numéro 1. Les cliniques spécialisées sont ultramodernes, le personnel parle français et l'accompagnement est sérieux. Le don est anonyme et les donneurs sont rémunérés (autour de 1 000 euros pour un don d'ovocytes). Ils sont examinés et sélectionnés, néanmoins il n'y a presque pas de temps d'attente.

De nombreux pays européens autorisent le don comme la Belgique, le Danemark, les Pays-Bas, la République Tchèque, la Grèce, le Royaume-Uni. Dans certains d'entre eux, il est possible de connaître l'identité des donneurs.

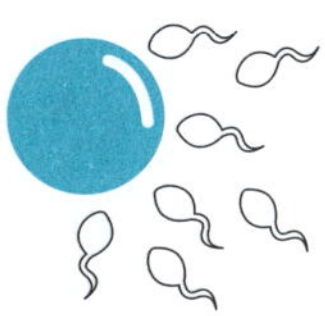

LES CONSEILS DE L'AGENCE DE LA BIOMÉDECINE

- Partir avec un dossier médical complet.
- Bien s'informer des conditions dans lesquelles le traitement est réalisé.
- Demander conseil à son gynécologue.
- Considérer les promesses des cliniques étrangères avec vigilance.

Parlons finance !

Le don d'ovocytes à l'étranger représente une manne financière pour beaucoup de pays et en premier lieu pour l'Espagne. Les cliniques se livrent donc une concurrence féroce.

Fallait le savoir !

Le développement de la PMA a donné lieu à toute sorte d'abus et nombre de personnes tentent de profiter de la détresse de parents en mal d'enfants. Sur Internet, les ventes de sperme en ligne ou proposition de rapports sexuels « fertiles » sont légion. Un Néerlandais, Ed Houben propose même de « joindre l'utile à l'agréable » Il a ainsi une vie sexuelle bien cadencée. Il est devenu père gracieusement de 120 enfants (certainement plus au moment où vous lisez ce livre) !

En Espagne : une procédure de FIV avec don coûte en moyenne 8 000 euros. Il faut ajouter environ 1 500 euros de frais médicaux pour un don d'ovocytes. En cas d'échec, un nouveau transfert d'embryons revient à 1 200 euros. À ces coûts médicaux se greffent le transport et l'hébergement. Deux voyages minimums sont nécessaires, le premier afin d'examiner les dossiers médicaux et de prélever les gamètes et le second pour le transfert d'embryons. Pour info, dans certaines cliniques, telles qu'IVI à Barcelone, la PMA c'est « satisfait ou remboursé » !

En Grèce et en République Tchèque : Les prix sont plus bas, entre 4 000 et 4 500 euros pour une FIV avec don.

Ensuite, les embryons non transférés peuvent être conservés à raison de 250 euros par an.

Les « vrais » résultats

Il est difficile d'établir des résultats précis de réussite, car les protocoles diffèrent d'un pays à l'autre et l'âge des patients n'est pas communiqué. De plus, il ne faut pas confondre « FIV réussie » et taux de naissance.

Repousser la loi de la Nature avec la GPA

Demander à une femme de « juste » porter son enfant, c'est un concept qui, en France, fait beaucoup de bruit. Pourtant, un Français sur deux y serait favorable, alors pourquoi le débat est-il si prégnant ?

Dans le cas d'une femme stérile, le sujet peut être entendu, surtout s'il s'agit d'une maternité tardive, la proposition est vécue comme une dernière chance. Mais dans le cas d'un couple homosexuel, c'est bien différent. L'inconscient collectif se heurte aux principes judéo-chrétiens. Croyant ou non, pratiquant ou pas, on ne se défait pas si facilement de notre patrimoine culturel !

Malgré de nombreux projets de lois proposant un encadrement très strict, la gestation pour autrui est, à ce jour, formellement interdite en France.

Néanmoins, le désir d'enfant est si fort que la pratique se développe dans de nombreux pays, et les Français n'ont pas besoin d'aller bien loin : Belgique, Danemark, Hongrie, Pologne, Grèce, Pays-Bas,

Russie, Ukraine, Roumanie ont légalisé la pratique ou ne l'interdisent pas. Un seul mot d'ordre : soyez vigilant !

Internet a démocratisé la GPA, si bien que l'offre de mères porteuses dépasse la demande des couples commanditaires.

Plus loin de chez nous, la GPA se vit aussi aux États-Unis ou en Inde. Les pratiques y sont très différentes. En Inde, les mères porteuses vivent dans des conditions très discutables.

Témoignage

« Nous vivions ensemble depuis dix ans avec Charles quand le désir d'enfant est devenu très fort. Nous avons cherché différentes solutions, comme la co-parentalité, mais cela nous paraissait trop compliqué.

Par chance, la famille de Charles a proposé de financer une GPA aux États-Unis. Plus cher qu'ailleurs mais les conditions médicales, sanitaires, juridiques et humaines y sont irréprochables. Charles ayant fait ses études à San Diego en Californie, nous n'avions pas la barrière de la langue.

« Notre projet d'enfant s'est concrétisé aux États-Unis avec une mère porteuse engagée ! »

Très vite, nous avons trouvé LA mère porteuse, Shannon. Une femme fière de porter notre enfant et bénéficiant du soutien de son église (protestante) !

Les mères porteuses sont hyperencadrées. Elles doivent avoir des enfants et ne plus en vouloir, être issues de la classe moyenne, ne pas avoir de manque affectif et, bien sûr, être en excellente santé. Elles choisissent tout : le type de couple, leur origine et le nombre d'embryons transférés.

Elles ont leur propre avocat, un suivi médical poussé, échangent avec les autres mères porteuses et font des fêtes ensemble ! Tout cela à nos frais, bien sûr. Nous avons dépensé 110 000 euros.

Une somme choquante pour les Français qui considèrent que l'on achète un enfant. Mais si l'on détaille l'addition, on constate qu'une grosse partie est consacrée au bien-être de la mère porteuse, au cadre juridique, aux services de la clinique. Une journée en couveuse coûte 10 000 euros ! Si les Français recevaient la note des frais d'une PMA, ils seraient sans doute choqués de constater ce que cela coûte à la collectivité.

Nous n'avons pas du tout eu l'impression de faire quelque chose d'illégal puisque c'était légal aux US, seulement quelque chose qui ne se fait pas en France. D'autant que nous avons été très bien accueillis à la crèche, par le pédiatre, dans notre quotidien en France. »

Jean, papa à 37 ans grâce à la GPA

★ Comment devenir les parents légaux d'un enfant né de la GPA ?

Depuis juin 2014, les enfants nés à l'étranger de parents intentionnels français (qui sont entre cent et deux cents chaque année) peuvent obtenir la nationalité française à la suite d'un arrêt de la Cour européenne des droits de l'homme, décision confirmée en juillet 2015 par la Cour de cassation. En vertu du jugement du 5 juillet 2017 de la Cour de cassation, le père peut par ailleurs obtenir la reconnaissance du lien de filiation en tant que père biologique de l'enfant, tandis que son conjoint ou sa conjointe peut devenir parent par adoption simple.

Ce qu'il faut retenir

La famille se réinvente chaque jour avec de nouveaux modèles. En 2011, 11 % des familles françaises sont recomposées et environ deux cent mille Français déclarent être en couple avec une personne de même sexe.

Quel que soit l'âge, l'infertilité n'est pas une fatalité. 16 % des couples rencontrent des difficultés pour concevoir un enfant, mais 50 % d'entre eux parviennent à obtenir spontanément la grossesse désirée.

De l'insémination à la FIV, en passant par le don d'ovocytes, il existe autant de solutions que de cas particuliers, en France ou à l'étranger. En France, 70 % des couples ayant tenté une FIV deviennent parents et vingt mille enfants naissent chaque année grâce à la PMA. Parmi les couples en échec de PMA, environ un sur cinq conçoit finalement un bébé de façon parfaitement naturelle.

Partie 2

La grossesse tardive, une grossesse pas comme les autres ?

DEUX BARRES BLEUES s'affichent fièrement sur votre test de grossesse, ne laissant plus de place au doute : vous êtes bel et bien enceinte !

Bonne dernière sur l'échelle de la maternité, vous avez l'impression de l'avoir déjà vécue cent fois cette grossesse... Entre les récits d'accouchements épiques de votre belle-sœur, le baby-blues des copines et la garde de vos petits-neveux, vous êtes surinformée et vous auriez presque un avis sur tout !

Vous n'êtes pourtant pas au bout de vos surprises...

Bienvenue dans le monde magique (ou pas) de la grossesse !

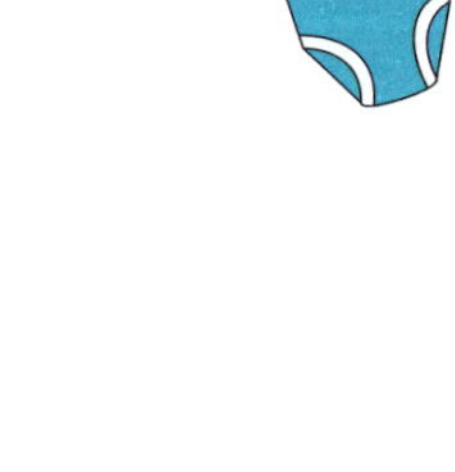

Chapitre 4

Enfin enceinte !

Étonnée, folle de joie, prise de panique ? Quelle que soit la façon dont vous avez accueilli la nouvelle, sachez que les neuf mois à venir s'annoncent uniques, passionnants, surprenants et parfois... déstabilisants !

Oui, car votre grossesse tardive ne laissera personne indifférent, ni la société, ni votre entourage, et encore moins vos propres enfants si vous êtes déjà maman...

Pour en faire la plus belle des aventures malgré les critiques des uns et les inquiétudes des autres, un seul mot d'ordre : assumez votre âge et tirez-en parti !

J'assume et j'annonce ma grossesse !

« Enceinte à ton âge ? Mais c'est de la folie ! » Cette réflexion aussi spontanée que maladroite est hélas encore monnaie courante... et peut ternir l'éclat de votre bonheur tout neuf !

Allez-vous pour autant raser les murs ou jouer les ermites pendant neuf mois ? Pour bien vivre votre grossesse, il est impératif de l'assumer pleinement comme le rappelle Deborah Schouhmann-Antonio,

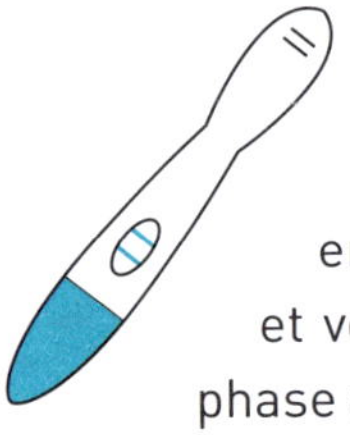

thérapeute et coach en périnatalité : « N'essayez surtout pas de vous excuser ou de vous justifier d'être enceinte ! Votre meilleure arme ? Assumer votre choix et votre statut de future maman tardive ! Quand on est en phase avec soi-même, cela se perçoit et décourage les regards inquisiteurs ou les petites phrases assassines. »

Et pour faire taire les mauvaises langues ou les curieux, l'humour et l'autodérision sont vivement conseillés ! D'ailleurs, vous avez sans doute de la pratique dans ce domaine, non ?

Mais si ! Souvenez-vous, Tata Mireille et ses pénibles : « Alors, quand est-ce que tu nous fais un p'tit ? » Maman et son culpabilisant : « J'aimerais bien être grand-mère avant de mourir, moi ! » et les copines qui en rajoutent : « Ah bon, c'est vrai, tu ne veux pas d'enfant ? Mais qui va s'occuper de toi quand tu seras vieille ? »

★ Nos astuces pour parer aux questions indélicates

Pour parer aux questions indélicates et aux réflexions douteuses, voici un florilège de ce qui vous attend au cours de ces neuf prochains mois et de quoi clouer le bec aux indésirables avec tact et humour.

Mais supporter des réflexions déplacées ne sera pas votre seul challenge !

Parfois cet heureux événement arrive comme un cheveu sur la soupe… au sein d'une famille recomposée ou dans un foyer muni d'ados ! Alors que vous flottez sur un petit nuage avec votre cher et tendre, votre nouveau bonheur laisse de marbre vos aînés et complique votre quotidien.

« T'en as déjà trois, c'est quoi ce caprice d'en faire un 4e ? »	« Tant que je gagne, je joue ! »
« Quand il aura 20 ans, on vous prendra pour ses grands-parents ! »	« Aucun risque, il paraît que je ne fais pas mon âge ! »
« Vous allez mettre la honte à vos enfants ! »	« Pourquoi ? Quand Mick Jagger va chercher sa fille de 6 ans à l'école, c'est la honte ? »
« Mais vous allez faire des enfants de vieux ! »	« Tant mieux ! Les enfants de vieux sont connus pour être plus éveillés et plus stables émotionnellement que les autres… »
« Vous faites de vos enfants votre bâton de vieillesse. »	« Non, non, j'ai juste gardé le bâton ! »
« Tu ne penses qu'à toi et pas à l'enfant, t'es vraiment égoïste ! »	« *Fuck off and die!* » (Oui, oui, vous avez aussi le droit de vous lâcher de temps en temps.)

Témoignage

« Quand je suis tombée enceinte de mon dernier fils à 43 ans, mon aîné avait 16 ans. Comme tous les ados, il était dans son monde, un peu égocentrique, et ne faisait pas spécialement preuve de compréhension vis-à-vis de mon état… Entre ça et la fatigue, j'en ai un peu bavé pendant cette grossesse et j'étais parfois soumise à un cocktail d'hormones explosif ! »

Florence L., maman de 3 garçons

« Mon ado n'était pas très compréhensif. »

Chaque famille a son histoire et ses particularités, et vous savez mieux que quiconque comment gérer les susceptibilités des uns et les angoisses des autres. Mais il existe aussi des bonnes pratiques pour faire passer la pilule en douceur.

FAMILLE RECOMPOSÉE : COMMENT ANNONCER VOTRE GROSSESSE SANS BLESSER VOS AÎNÉS OU CEUX DE VOTRE CONJOINT ?

Deborah Schouhmann-Antonio, thérapeute et coach en périnatalité, nous répond : « Il est essentiel de bien communiquer et de créer de la connivence avec les aînés, avant même que le bébé n'arrive. Commencez par dire que ce nouvel enfant ne prend la place de personne ! Il vient compléter la fratrie, rien de plus. Expliquez-leur qu'ils ont une mission par rapport à ce petit nouveau : ils vont pouvoir lui apprendre des choses (à tenir une fourchette, à lire, mais aussi à faire des bêtises !). Proposez mais n'imposez rien : ils s'investissent s'ils le souhaitent ! Un ado, pas toujours très empathique, n'aura pas forcément envie de donner un biberon, même pour dépanner... En résumé, il est important de leur faire passer trois messages essentiels qui les mettront dans de bonnes dispositions : ils sont libres, ils sont autonomes et vous leur faites confiance ! »

Ce n'est pas parce que cette grossesse surprend, questionne ou inquiète, que vous devez vous priver du plaisir de l'annoncer ! Ce sera l'un des tout premiers souvenirs liés à cette grande aventure, alors autant en faire un moment inoubliable.

★ Nos astuces pour annoncer la grossesse

Voici quelques propositions pour annoncer votre grossesse à votre cher et tendre selon son profil.

Le « tout feu, tout flamme »

Cette grossesse, il l'attend autant que vous si ce n'est plus ! Faites durer le plaisir avec une énigme, un rébus, une devinette, un message caché dans des mots fléchés… Quand il aura enfin trouvé la réponse, il vous sautera au cou, fou de joie !

Le « sceptique »

Peu partant dans ce projet bébé, il redoute le jour où vous brandirez triomphalement votre test de grossesse positif. Optez pour une annonce tout en douceur, avec soirée aux chandelles, massage des pieds, playlist romantique pour le rassurer et lui dire que vous l'aimez plus que tout… Cela rendra la nouvelle moins brutale.

Le « déjà papa »

Il est prêt à reprendre du service… pour vos beaux yeux ou tout simplement parce qu'il aime ça ! Valorisez-le dans son rôle en lui offrant un joli T-shirt « papa poule », glissez dans ses affaires une tétine à message « J'aime mon papa », écrivez sur votre ventre : « Salut papa, on se voit dans neuf mois ! »… Voilà qui lui mettra du baume au cœur pour préparer l'arrivée du p'tit dernier !

Le « futur papa PMA »

Il n'ose plus y croire, ne pose pas de questions mais attend secrètement LA bonne nouvelle… Jouez avec le test de grossesse, preuve ultime que cette fois-ci, c'est bien la bonne ! Cachez-le sous son oreiller, posez-le joliment emballé sur son assiette au dîner, glissez-le dans la poche de sa veste… Quand il le découvrira, il n'en croira pas ses yeux !

Le *work addict*

Il adore son job, dormirait volontiers au bureau et consulte ses e-mails 10 fois par jour ! Changez discrètement le fond d'écran de son ordi avec un visuel explicite, annoncez-lui la nouvelle par e-mail avec la mention « très urgent », glissez une photo du test de grossesse dans sa clef USB... Bref, investissez ses outils de travail, il ne pourra pas manquer l'info !

La maturité, un vrai plus !

Tomber enceinte à la fleur de l'âge n'est pas anodin et vous donne ce petit quelque chose en plus, qu'on appelle... la maturité !

Alors que le discours ambiant, anxiogène et surmédicalisé, vous gâcherait presque le plaisir d'enfanter, votre bel âge vous rappelle à la raison : vous êtes enceinte, rien de plus ! Grâce à lui, vous abordez votre grossesse sans crainte avec un naturel parfois déconcertant.

Témoignage

« Enceinte pour la première fois à 46 ans, j'ai abordé ma grossesse avec sérénité. »

« Pour diverses raisons, je n'ai souhaité devenir maman que tardivement. Mon mari et moi avons fait une FIV en Espagne, qui a fonctionné du premier coup !

Cette grossesse, je l'ai appréhendée avec joie et sérénité. Au fil des années, j'ai entendu et observé beaucoup de choses chez mes copines enceintes : j'étais donc prête !

Malgré les nombreuses mises en garde liées à la grossesse tardive, je me sentais forte, détendue et dans d'excellentes dispositions psychologiques : j'étais enceinte, pas malade !

Bien sûr, les trois premiers mois ont été un peu préoccupants car les grossesses issues de FIV sont plus risquées que les autres. Mais même par rapport à cet aspect strictement médical, j'étais plutôt dans l'acceptation. Je me disais que si cela ne marchait pas, ce ne serait pas la fin du monde. Après tout, j'avais mon couple, mes amis, ma vie professionnelle…

C'est sans doute en partie grâce à mon état d'esprit ultra-positif que ma grossesse s'est bien déroulée sur tous les plans : je n'ai quasiment eu aucun problème physique, j'ai pu continuer à vivre normalement et à assurer mes fonctions de manager dans les RH jusqu'au bout.

Si je devais résumer ces neuf mois en un mot, ce serait "légèreté" ! »

Monica A., primipare à 46 ans

Cette maturité vous aide aussi à surmonter la fatigue et les désagréments physiques liés à votre âge. Votre mental prend souvent le dessus et vous vous transformez l'air de rien en Wonderwoman.

Témoignage

« Quand j'ai appris que j'étais enceinte à 42 ans, après 8 ans de PMA infructueuse et une adoption, j'étais folle de joie ! Bien sûr, j'ai retenu mon souffle jusqu'au troisième mois, craignant de perdre le bébé, mais une fois rassurée par les échos, j'ai profité à fond de ma grossesse : je tenais une forme olympique, je me sentais belle, heureuse, bien dans ma peau et j'ai assuré sur tous les plans ! Au moment où je suis tombée enceinte, je me lançais dans une aventure

« Enceinte à 42 ans, j'ai travaillé jusqu'au bout avec une pêche d'enfer ! »

entrepreneuriale. Ces neuf mois auraient pu ralentir mon élan, mais c'est tout le contraire qui s'est produit ! Dopée aux hormones, je travaillais jour et nuit sur un projet autour de la mode qui me passionnait. Bien sûr, j'ai eu un ou deux coups de mou, notamment autour du sixième mois : anémiée, j'ai dû lever le pied pendant quelques semaines. Ce qui ne m'a pas empêchée de repartir de plus belle, une fois requinquée ! Sur mon lit de clinique, en attendant ma césarienne, je passais encore des coups de fil et j'envoyais des e-mails sous le regard ébahi des infirmières. »

Béatrice D., maman à 42 ans

Parfois, cette grossesse tardive, vous la vivez même mieux que les précédentes ! Bien installée dans votre vie de couple, plus stable professionnellement, sûre de vous et de vos choix, vous l'investissez davantage à 40 ans qu'à l'aube de vos 25 ans.

Témoignage

« J'ai eu mes deux premiers enfants à 23 et 25 ans. Je n'étais pas vraiment préparée à la maternité. À l'époque, j'étais salariée et je construisais tout juste ma carrière. J'ai vécu mes grossesses comme j'ai pu, mais sans beaucoup m'y investir.

Dix-sept ans plus tard, je suis tombée enceinte de mon troisième enfant après une longue attente. J'avais changé, mûri, évolué professionnellement. J'étais désormais à mon compte, ce qui me donnait de la flexibilité malgré une charge de travail importante.

Mes grands enfants se géraient seuls, j'étais donc plus disponible.

Ainsi j'ai pu consacrer du temps et de l'énergie à cette grossesse en testant beaucoup de choses : haptonomie en couple, chant prénatal, sophrologie… J'ai créé un lien très fort avec mon fils bien avant qu'il ne vienne au monde. J'ai aussi pu me concentrer sur mon projet de naissance pour ne pas revivre le traumatisme de mes premiers accouchements. Plus sûre de moi, je ne me suis pas laissé influencer par le personnel médical, j'ai fait des choix difficiles mais parfaitement assumés en refusant l'amniocentèse ou le déclenchement prématuré de l'accouchement.

« C'est de ma troisième grossesse à 43 ans dont j'ai le plus profité ! »

Malgré la fatigue liée à mon âge, j'ai le sentiment d'avoir profité pleinement de cette troisième grossesse et de l'avoir vécue en accord avec moi-même et mes désirs profonds. »

Isabelle G., maman de 3 enfants

La maturité serait-elle un atout encore méconnu pour bien vive sa grossesse ? Deborah Schouhmann-Antonio, thérapeute et coach en périnatalité, nous le confirme : « Les futures mamans quarantenaires sont moins dans la course que leurs homologues plus jeunes. Souvent, elles ont vécu une forme d'accomplissement professionnel, ce qui les rend à la fois plus stables et plus disponibles pour appréhender ces neuf mois. Elles sont aussi mieux informées, mieux organisées car elles ont appris des amies qui sont déjà passées par là. Enfin, elles ont tout simplement une plus grande expérience de la vie, qui leur permet de prendre de la distance et du recul et de se concentrer sur l'essentiel, malgré les risques liés à leur âge : leur grossesse et l'enfant à venir. »

Chapitre 5

Une grossesse épanouie, mais... sous contrôle !

On vous fait flipper ! Des articles, des warnings, des alertes contaminent votre bonne humeur. On vous colle des étiquettes avec des risques et des pathologies plus ou moins graves : « Une grossesse tardive implique un suivi attentif, des examens complémentaires et un hôpital adapté. Vous le savez et vous vous êtes organisée en conséquence ! », assure Deborah Schouhmann-Antonio, thérapeute et coach en périnatalité.

Vous avez dit « tardive » ?

★ Qu'est-ce qu'une grossesse tardive ?

Selon les experts, on parle de grossesse tardive à partir de 40 ans. Mais, pourquoi ? Le corps change-t-il radicalement dès qu'on passe une décennie ? En fait, oui, le corps vieillit naturellement. Nous avons tous remarqué que certains maux apparaissent avec l'âge. Il est donc logique qu'en vieillissant la grossesse soit moins facile.

Voici quelques statistiques menaçantes.

Côté maman

	30-34 ans	34-40 ans	40-44 ans
Diabète gestationnel	3,5 %	4,8 %	6 %
Prééclampsie	5 %	7,6 %	10 %

Côté bébé

	Après 35 ans	Après 40 ans	Après 45 ans
Fausse couche	17,7 %	33,8 %	53,2 %
Prématuré	5,7 %	8,2 %	10 %
Trisomie	0,1 %	1 %	1,2 %

Bouuuuh, ces chiffres donnent le bourdon. Mais attendez, que disent-ils exactement ? Eh bien… que la majorité des grossesses tardives se passe bien.

De nombreuses mamans « tardives » témoignent d'une grossesse sans aucune difficulté. Comme tout le monde, les trois premiers mois sont délicats en raison du risque de fausse couche, mais ensuite, c'est une grossesse plutôt banale.

« Ce n'est pas une maladie d'être enceinte et le fait d'avoir une grossesse après 40 ans n'est pas très dangereux en soit. Globalement, la fréquence des complications de la grossesse est légèrement augmentée, mais comme ces complications sont rares en général, le plus souvent tout se passe très bien ! Honnêtement, les alertes sont assez excessives. Pour ma part, je n'ai pas de protocoles particuliers lorsqu'il s'agit de grossesses tardives : simplement un suivi rigoureux et régulier, avec une juste information et évaluation des risques », explique le professeur Laurent Salomon, au service « Obstétrique, médecine et chirurgie fœtales » à la maternité de l'hôpital Necker à Paris.

En bref, la plupart des pathologies sont contrôlées. C'est pour cette raison qu'il est essentiel de distinguer l'échelle de gravité.

DIFFÉRENCE ENTRE HYPERTENSION ET PRÉÉCLAMPSIE

L'hypertension peut être constatée avant (hypertension chronique) ou dès le sixième mois de la grossesse (hypertension gravidique). Un peu de repos peut suffire pour ramener les choses à la normale.

La Prééclampsie est constatée au troisième trimestre de la grossesse, elle se manifeste par l'hypertension, mais également par de la rétention d'eau et une fuite de protéines dans les urines.

Prise de poids, vertige, nausées sont des indicateurs qui peuvent vous mettre la puce à l'oreille. Les origines de cette maladie sont encore inconnues.

Dans les deux cas, vous devez consulter votre médecin tous les quinze jours au cabinet ou à domicile afin qu'il vous prescrive un traitement adapté si nécessaire.

La paternité tardive a-t-elle une incidence sur la grossesse ?

Eh bien oui ! Dans l'inconscient collectif, un homme n'a pas de limites pour devenir père puisqu'il n'est pas contraint par Dame Nature. D'ailleurs, de nombreuses célébrités montrent l'exemple, de Julien Clerc à Georges Clooney, en passant par le prince Albert, Yves Montant ou encore Mick Jagger, huit fois papa entre 27 et 73 ans ! Devenir père à 50 ans ou plus n'a jamais choqué personne, les conventions sont plus légères avec les hommes !

Pourtant, plusieurs recherches publiées dans la presse scientifique internationale ont mis en évidence l'impact de l'âge du géniteur sur sa descendance. Une étude menée en 2006 à l'université de Columbia (États-Unis) montre que les femmes dont le partenaire a 35 ans ou plus ont trois fois plus de risques de fausses couches qu'avec un partenaire de 25 ans, indépendamment de l'âge, de l'état de santé et d'autres facteurs de risque de la mère.

Les grossesses plus, plus, plus

- Les grossesses gémellaires sont encore plus extraordinaires que les autres, elles nécessitent donc un suivi plus important. Les deux fœtus se partagent l'utérus et les apports de la mère, impliquant ainsi la possibilité d'un accouchement prématuré, d'une anémie, d'une hypertension artérielle ou encore d'une surcharge pondérale. Avec un bon suivi, ces désagréments sont très bien maîtrisés.
- Une grossesse issue de la PMA et plus spécialement du don d'ovocyte est aussi plus surveillée. C'est le principe d'une greffe ! Le corps de la mère accepte des éléments étrangers (les antigènes du père, comme les ovocytes d'une autre femme). Un risque existe en début de grossesse, celui d'une fausse couche (entre 12 % et 15 %), ensuite, c'est une grossesse classique.

Pour le docteur André Guérin, gynécologue à la clinique IVI de Barcelone en Espagne, la grossesse avec don d'ovocyte est une question de précaution : « Nous limitons les risques dès le début en n'implantant qu'un seul embryon aux femmes quarantenaires. En évitant la gémellité, nous réduisons le risque d'hypertension et donc le nombre d'accouchements prématurés. Passé les premières semaines, les risques sont modérés, si la future maman ne fume pas, a un poids normal, se fait suivre régulièrement et contrôle sa tension avec une activité physique douce et une alimentation saine. » Il obtient entre 55 % et 60 % de réussite de grossesse avec don d'ovocyte.

Fallait le savoir !

Un conseil : ne cachez jamais le parcours qui vous a menée à la grossesse, même s'il est « illégal » Cela apporte de précieux éléments à votre médecin. Par exemple : si vous bénéficiez d'un don d'ovocyte, c'est l'âge de la donneuse qui sera pris en compte pour votre suivi médical, pas le vôtre !

Témoignage

« Ma vie a pris un tournant à 28 ans quand mon compagnon est décédé subitement la veille de notre départ au Canada. Nous partions pour changer de vie. J'étais choquée, je n'ai pas eu mes règles pendant deux mois, je pensais être enceinte de lui. J'ai eu beaucoup de mal à m'en remettre. Puis, j'ai rencontré un ange ! Ange, c'est le prénom de celui qui m'a trouvée et m'a attendue patiemment.

Deux ans, plus tard, on commence à parler bébé, je ne prends pas de contraception. Rien ne vient. Point de départ de neuf protocoles complets de PMA. Après six inséminations, cinq FIV et 20 kg supplémentaires, le corps médical français baisse les bras, me proposant

« J'ai eu recours à un don d'ovocyte en Espagne. »

timidement le don d'ovocyte à l'étranger. Je venais de perdre mon père, hors de question de trahir son patrimoine génétique. Je voulais que mon enfant ait les yeux de son grand-père.

Nous avons décidé de partir en vacances en Espagne, pour voir. Nous avons mis les pieds dans une clinique, et nous avons eu confiance. Au premier essai, je suis tombée enceinte. J'ai été suivie par la gynécologue avec laquelle j'avais commencé mon parcours de PMA, dix ans plus tôt. Elle a pris très à cœur ma grossesse et m'a déroulé le tapis rouge. J'ai adoré ma grossesse. L'accouchement était rock'n'roll, puisque j'ai dû accoucher par césarienne au dernier moment, mais à terme et sans hypertension, ni diabète. »

Nathalie, 40 ans,
maman d'un petit garçon de 18 mois

Un suivi médical fiable

Laissez-vous guider ! La grossesse est, à tout âge, très suivie en France et aucun risque n'est laissé au hasard.

★ Choisir la bonne maternité

Une des premières choses à faire quand vous apprenez votre grossesse c'est de choisir votre maternité, surtout si vous habitez dans une grande ville, dont les cliniques et hôpitaux affichent « complet » souvent neuf mois à l'avance. Cela vous permettra aussi d'être certaine d'accoucher dans la maternité qui vous correspond le mieux.

Comment la choisir ? De nombreux critères sont à prendre en compte.

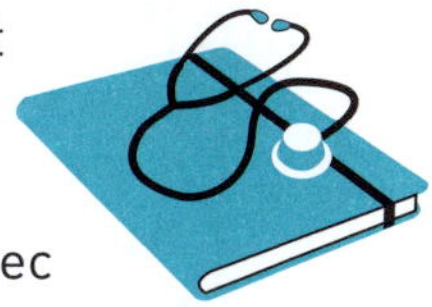

- **Vos préférences en termes d'accouchement :** depuis 1992, l'Organisation mondiale de la santé (OMS) et l'Unicef décernent le label « Hôpital ami des bébés » aux maternités affichant leurs affinités en termes d'allaitement, de peau à peau (favorisant le lien avec l'enfant), et d'accouchement naturel. Trente-quatre établissements ont reçu le label ; vous pouvez les trouver sur le site : https://amis-des-bebes.fr/etablissements-labelises-ihab.php. Vous saurez ainsi si vous êtes sur la même longueur d'onde.
- **Votre situation géographique :** depuis 1998, les autorités de santé ont décidé de réorganiser les établissements hospitaliers et les cliniques pour que toutes les femmes accouchent dans des conditions de sécurité maximale. Dans cette logique, beaucoup de petites unités ont été fermées, laissant peu de choix aux habitants des petites communes.
- **Le niveau de sécurité :** les maternités sont maintenant classées selon trois niveaux :
  - Niveau 1 : accouchement classique.
  - Niveau 2 : soins obstétriques de base et réanimation néonatale.
  - Niveau 3 : spécialement habilité à suivre les grossesses à risque.
- **Votre état de santé et celui du bébé :** nous avons vu que les grossesses tardives présentent plus de risques de diabète ou d'enfants prématurés. Il est donc conseillé de choisir une clinique de niveau 2 ou 3.
- **Vos moyens financiers :** clinique privée ou établissement public ? Les cliniques privées peuvent être conventionnées et les accouchements pris en charge par l'assurance maladie. Cette option vous permettra de choisir celui ou celle qui vous accouche et/ou de bénéficier d'un environnement moins froid.

LES 9 MAISONS DE NAISSANCE FRANÇAISES

Qu'est-ce que c'est ? C'est une ou plusieurs sages-femmes qui vous accouchent, sans péridurale. Les maisons de naissance doivent être attenantes à une maternité pour assurer le transfert au moindre problème.

La loi réglementant ces maisons de naissance privilégie la sécurité et une prise de risque minimale. Elle stipule que seules les femmes ne présentant aucune pathologie et aucun risque avéré peuvent y être admises.

Alors, pour les grossesses multiples, les bébés en siège, les risques de prématuré ou les femmes ayant déjà eu une césarienne, présentant du diabète gestationnel ou de la tension, on oublie !

Sans compter que les frais médicaux ne sont pas toujours remboursés à 100 %.

Selon un arrêté publié au Journal officiel le 26 novembre 2015, les neuf maisons de naissance expérimentales autorisées à fonctionner sont :

- Paris (75) : Calm-Maison de naissance.
- Vitry-sur-Seine (94) : Premier Cri.
- Nancy (54) : Un Nid pour naître.
- Grenoble (38) : La Maison.
- Sélestat (67) : Maison de naissance Alsace (MANALA).
- Castres (81) : Maison de naissance Doumaia.
- Bourgoin-Jallieu (38) : Premières heures au monde.
- Baie-Mahault (Guadeloupe) : Le Temps de naître.
- Saint-Paul (La Réunion) : Joie de naître.

Bon à savoir

Voici le palmarès des meilleures maternités (niveau 3) en Île-de-France :

1. Maternité de l'hôpital Armand-Trousseau (public) – Paris XIIe.
2. Maternité de l'hôpital Notre-Dame-du-Bon-Secours (privé PSPH) – Paris XIVe.
3. Maternité de l'hôpital Robert-Debré (public) – Paris XIXe.

Un tel palmarès n'existe pas pour les maternités en province.

Le dépistage de la trisomie

Au quatrième mois, un examen fait peur : le **dépistage de la trisomie**. Il se fait en deux étapes : une échographie pour mesurer la clarté nucale et une prise de sang :

- La clarté nucale est un espace liquidien situé au niveau de la nuque du fœtus. Lors de l'échographie du premier trimestre, on peut mesurer cet espace qui indique, s'il est trop épais, un risque d'anomalie chromosomique. Cette mesure permet d'identifier 75 % des fœtus atteints d'anomalie chromosomique.
- La prise de sang atteint un taux de détection de 90 %.

Bon à savoir

Une grossesse issue de PMA est moins exposée au risque de trisomie, puisque l'embryon est sélectionné.

L'AMNIOCENTÈSE EST-ELLE SYSTÉMATIQUE APRÈS 40 ANS ?

Non, absolument pas. D'ailleurs, cette pratique est de moins en moins courante, comme toutes les techniques dites « intrusives »

En effet, l'amniocentèse consiste à prélever, à l'aide d'une aiguille, un peu de liquide amniotique. Pour cela, il faut percer la poche des eaux, ce qui inquiète beaucoup les mamans. Mais rassurez-vous, les risques de fausses couches suite à cet examen sont de 1 %.

Avec ce prélèvement, l'identité génétique du fœtus est établie, révélant d'éventuelles anomalies. C'est un examen sans douleur mais qui nécessite du repos les jours suivant l'intervention.

L'alternative à l'amniocentèse ? Le test génétique appelé DPNI. Sa fiabilité est de 99,5 % pour la trisomie. Seul hic, il n'est pas encore remboursé par l'Assurance-maladie (390 euros).

★ Diabète gestationnel : privée de dessert ?

C'est au deuxième trimestre de votre grossesse que vous devez avaler (sans vomir) 75 g de glucose, pour que votre glycémie soit mesurée. Ce dépistage est systématique passé 35 ans.

Mais pourquoi s'intéresser à la glycémie ? Si vous avez trop de sucre dans le sang, le bébé peut naître avec un poids supérieur à 4 kg, ce qui rend l'accouchement difficile, et/ou *a contrario* être en hypo-glycémie à la naissance.

Le traitement est alors sans appel : arrêter de manger sucré ! Ce qui est très très contrariant quand, enceinte, on n'a qu'une seule envie : craquer sur des petites douceurs ! Pour les cas les plus avancés, des injections d'insuline peuvent être prescrites.

Les échographies, un petit bonheur !

On a tous en tête cette image en noir et blanc d'un fœtus sur papier glacé... Soyons honnêtes, avant d'y comprendre quelque chose il faut vraiment bien regarder, et quand bébé est proche du terme, on n'y voit plus rien du tout (même en 3D) ! N'empêche que, les échographies, quand elles se passent bien, sont des moments magiques, inoubliables et terriblement émouvants.

Bien souvent, la première échographie se fera chez votre gynécologue à l'aide d'une sonde, par voie interne. Vous entendrez le cœur du bébé battre pour la première fois.

Ensuite, vous aurez droit à trois échographies obligatoires pratiquées par des échographes.

- La première échographie a lieu au troisième mois. Nous l'avons vu, elle permet le dépistage de la trisomie, mais également la datation exacte de la grossesse, ainsi que les mesures nécessaires pour évaluer la croissance de bébé. Avec un peu de chance, vous pouvez voir bébé bouger !
- La deuxième échographie a lieu au cinquième mois. C'est le moment tant attendu où l'on va enfin savoir si c'est une fille ou un garçon ! Bébé va être mesuré dans tous les sens pour suivre sa croissance mais aussi pour vérifier s'il existe des anomalies dans son développement.

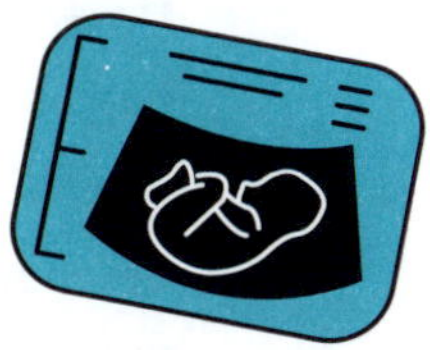

- La troisième échographie a lieu au huitième mois de grossesse. Elle permet de suivre le développement de bébé, notamment celui de son cœur. Elle est aussi essentielle pour mesurer la place prise par le bébé et si la quantité de liquide amniotique dans l'utérus est suffisante. C'est le moment de voir si bébé est en position de départ ou non. S'il est resté en siège, des moyens naturels l'aideront à se retourner.

En fin de grossesse, une échographie supplémentaire peut être pratiquée pour les grossesses multiples, dans ce cas, le praticien se déplace à votre domicile.

4 % de petits coquins ne se présentent pas dans le bon sens, ce qui fait autant de parents inquiets. En réalité, ce n'est pas si grave. On peut aider bébé à trouver la bonne position, mais au final, c'est lui qui décide (ça commence bien !). Réalisées par un gynécologue ou une sage-femme, après la troisième échographie, voici quelques méthodes.

COMMENT RETOURNER BÉBÉ ?

La manœuvre externe : le médecin utilise ses deux mains pour exercer des pressions pouvant modifier la position du bébé. Le taux de réussite est de 50 %.

L'acupuncture : une séance peut suffire. Le taux de réussite est autour de 80 %.

L'ostéopathie : il arrive en effet qu'une simple manipulation du bassin débloque le changement de position du bébé. Le taux de réussite est autour de 60 %.

Le chant prénatal : l'accent est mis sur les sons très graves, dont les vibrations descendent dans le bassin. Prenez cela comme une expérience, un moment de communion avec votre enfant.

Le pont indien : il peut se pratiquer seule. Il suffit de surélever (de 30 cm), le bassin et le dos avec des coussins, la tête est légèrement plus basse, une jambe écartée sur le côté, et de respirer profondément durant l'exercice. 10 à 15 minutes par jour peuvent permettre de modifier la position du bébé.

Si tous vos efforts restent vains, ne désespérez pas, la naissance par voie basse sera programmée si tous les voyants sont au vert : le cordon n'est pas autour du cou, le bassin maternel est suffisamment large, la tête du bébé est bien fléchie.

Néanmoins, la présentation en siège est la seule indication pour laquelle un couple peut choisir la césarienne.

Fallait le savoir !

Le col de l'utérus est un verrou entre l'utérus et le vagin qui assure la sécurité de bébé. Pendant la grossesse, il doit rester bien fermé jusqu'au terme où il s'ouvrira pour la délivrance. Surmenage ou contractions, le col peut s'ouvrir plus vite que prévu, vous contraignant à finir votre grossesse alitée ! C'est votre gynécologue ou votre sage-femme qui vérifie régulièrement son état.

★ Éviter les infections

La Nature est bien faite ! Dopés aux hormones, vos anticorps tiennent une forme olympique, vous avez de grandes chances de traverser l'hiver sans le moindre rhume.

Toutefois, certaines maladies, comme la **toxoplasmose** sont facteurs de risques pour la grossesse. Votre immunité est vérifiée dès la première prise de sang, vous saurez alors si le tartare de bœuf sera au menu. Ce parasite (aussi présent dans les excréments de chat) peut générer des malformations au niveau des yeux et du cerveau du fœtus.

La listériose (bactéries présentes dans les légumes crus, le fromage et la charcuterie), l'hépatite B, l'herpès, la rubéole, ou même la varicelle, sont autant d'infections à éviter pour le bon déroulement de la grossesse. Une évidence certes, mais on n'y pense pas toujours lorsqu'on voyage enceinte, ou que l'on pratique certains métiers.

★ Pédale douce sur les médicaments

Facile à retenir : paracétamol et Spasfon ! Ce sont théoriquement les deux seuls médicaments que vous pouvez prendre sans risque pour le fœtus. Pas de chance, parce que des petits maux, vous en aurez… et cela n'a rien à voir avec votre quarantaine.

Voici donc quelques remèdes 100 % naturels, pour combattre nausées, remontées acides et autres joyeusetés !

« Pour la tisane, hip hip hip hourra… »

Les nausées	• Avant chaque repas, buvez un grand verre d'eau tiède, agrémenté du jus d'un demi-citron et d'une cuillère à café de miel. • Limitez l'apport de liquide pendant le déjeuner. • Finissez votre repas avec une tisane digestive.
Les remontées acides	• Évitez une alimentation trop grasse ou trop épicée. • Buvez des tisanes à base de sauge, de mélisse, de menthe poivrée.
La constipation	• Privilégiez une alimentation à base de fruits et de légumes. • Buvez de l'eau riche en magnésium. • Bougez.
Les insomnies	• Testez la phytothérapie : passiflore, fleurs d'oranger et d'aubépine en gélule. • Donormil est un somnifère autorisé en très petite quantité (il réduit aussi les nausées).
Les problèmes circulatoires	• Évitez une alimentation trop salée. • Surélevez vos jambes pendant la nuit. • Contre les varices, utilisez du vinaigre de cidre. • Le jet d'eau glacée est un intemporel, dont l'efficacité est immédiate. • Des bas de contention peuvent être prescrits et sont remboursés par l'assurance maladie.
Les maux de dos	• Soulagez vos douleurs de sciatique avec des anti-inflammatoires naturels à base de curcuma et des patchs de chaleur. • Consultez un ostéopathe ou un kiné qui saura exactement quoi faire. • Pratiquez le yoga ou le stretching.

★ Coup de pouce des médecines douces

Jambes lourdes, mal de dos, insomnie, angoisses (entre autres) : vous pensiez être exclue du plaisir des massages et autres médecines douces alors que vous souffrez atrocement ? Eh bien non, en choisissant les bonnes méthodes, vous pouvez soulager votre corps et votre esprit et faire un grand plaisir à bébé !

Les massages

- Le shiatsu : massage similaire à l'acupuncture, il débloque les tensions dans le dos. Ses bénéfices sont aussi psychologiques : en stimulant les méridiens, le shiatsu libère l'énergie accumulée et favorise son flux pour libérer la future maman de ses angoisses et de ses préoccupations.
- Le massage ayurvédique « prasarpuvé » : massage traditionnel de la femme enceinte en Inde, il soulage le dos, les jambes lourdes, la prise de poids et enveloppe le corps de douceur.
- Le drainage lymphatique manuel : un massage léger très efficace pour stimuler la rétention d'eau et favoriser son élimination. Vous ressortirez les jambes légères !

Les cures

Pour déconnecter totalement, c'est vraiment le top du top. Une détente complète et sur mesure. Seul hic et pas des moindres : le coût. À partir de 550 euros pour cinq jours sans hébergement, le tout à votre charge. Il est conseillé de la faire entre le quatrième et le septième mois, avec le feu vert de votre médecin.

Au programme :

- des soins adaptés (bain hydro-massant pour activer/renforcer la circulation sanguine, enveloppement de boue pour améliorer l'élasticité de la peau, massage prénatal pour détendre les lombaires – il peut se pratiquer dans l'eau) ;

- une activité physique douce associée aux bénéfices de l'eau thermale pour travailler la souplesse et la respiration ;
- une consultation diététique pour soigner sa ligne avec un bilan nutritionnel ;
- un programme anti-tabac peut aussi être proposé.

À noter : le hammam et le sauna sont à proscrire, ils peuvent provoquer des malaises.

Les bouleversements psychologiques

Il se passe quelque chose en vous ! Oui, vous êtes enceinte, votre corps est en pleine révolution et vous êtes traversée de sentiments nouveaux. À fleur de peau, vous voyagez sur un petit nuage, puis d'un coup, un torrent de larmes vous submerge. À 21 h 30, vous êtes couchée, et vos envies gustatives peuvent être surprenantes.

Bien sûr, ce tableau peut paraître légèrement caricatural pour certaines, mais, globalement, on est assez proche de la réalité !

★ Hormones sous influence

Nous en sécrétons toute notre vie, mais chez les femme enceintes, elles jouent un rôle primordial sur le développement du fœtus et de l'utérus, la protection contre les infections, etc. Les deux principales hormones sont la progestérone et les œstrogènes.

La progestérone

La progestérone permet à l'utérus de grossir, de se distendre. Produite par le placenta dès le troisième mois, elle facilite le transport du sang dont le volume augmente pendant la grossesse.

Côtés – : elle peut provoquer des varices, des hémorroïdes, des crampes au mollet, des coups de barre, des nausées, des douleurs d'estomac et de la constipation ! Elle tend à provoquer de la mélancolie et une certaine fatigue psychologique.

Côté + : elle est à l'origine de ce sentiment de plénitude et d'épanouissement qui nous envahit au deuxième trimestre !

Les œstrogènes

Les œstrogènes permettent au placenta et au bébé de se développer et préparent le corps à l'allaitement.

Côtés – : elles affinent la peau, ce qui peut donner des vergetures, favorisent la rétention d'eau et le masque de grossesse.

Côtés + : elles nous font un joli teint grâce à leur pouvoir hydratant et nous assurent des cheveux fournis et brillants.

Un peu moins connues, d'autres hormones jouent également sur notre humeur : la prolactine a un effet relaxant, tandis que la dopamine déclenche des sensations de plaisir. Quant au cortisol, il peut rendre la future maman irritable et hypersensible.

Bref, vous l'aurez compris, nous sommes soumises à un cocktail explosif pendant neuf mois !

★ Le tsunami émotionnel

Les hormones vous agitent, certes, mais quand le ventre s'arrondit, le projet d'enfant devient très concret. Prise de conscience, angoisse, culpabilité, introspection, honte ou même dégoût de son corps : de forts sentiments peuvent envahir les futurs parents qui, pourtant, ont bien mûri leur projet. Rassurez-vous tout ceci est normal, vous êtes embarquée dans l'aventure d'une vie !

Voici un palmarès des principales peurs qui peuvent vous taquiner.

La peur de ne pas être à la hauteur

Pour les parents quarantenaires, il y a cette angoisse de ne pas réussir sa maternité, surtout si le corps a joué des tours pendant la conception. Vais-je réussir à tenir neuf mois sans encombre ? Vous avez le sentiment, une fois encore, de ne rien maîtriser.

La peur d'un enfant anormal

C'est un grand classique, et les parents tardifs y sont particulièrement sensibles. C'est vrai, les risques sont un peu plus importants, mais si peu en réalité. Cette peur n'est que le reflet de vos doutes et de votre manque de confiance en vous.

La peur d'être seule

Rien ne sera tout à fait comme avant, votre corps, votre couple, votre vie familiale et sociale : vous en avez rêvé et pourtant une brume sombre vient ternir vos pensées. Vous savez quoi ? Vous avez juste besoin d'amour et de sollicitude.

Peur de la douleur de l'accouchement

Enceinte, vous perdez une partie de vos super-pouvoirs. Le sprint pour attraper le bus est devenu compliqué, la capacité à rester debout est limitée, votre pas rapide n'est plus d'actualité. Bref, dans ces conditions, il est tout à fait logique de se demander si le corps sera à la hauteur le jour J. Rassurez-vous, il sait exactement, ce qu'il doit faire !

Peur des responsabilités

Les papas surtout s'inquiètent de cette nouvelle responsabilité et de ses conséquences financières. S'ajoutent parfois le sentiment d'être tenu un peu à l'écart et la crainte de voir s'évanouir la relation amoureuse au profit d'un autre petit être. Avec tout ce que vit leur femme, ils ont bien peu d'espace pour s'exprimer.

Témoignage

« À l'annonce de ma grossesse, le futur papa a perdu pied et mon employeur m'a remerciée. L'angoisse m'a gagnée très vite. J'avais peur de tout, de ne pas y arriver, d'être abandonnée, de ne pas pouvoir subvenir aux besoins de mon enfant. Je l'ai tant attendu.

Des contractions apparaissaient dès les premières semaines de grossesse, j'ai dû mettre de la distance avec le papa pour les apaiser.

« J'ai tout essayé pour garder le moral ! »

Un climat délétère, mais des examens médicaux parfaits. Je devais gérer mon anxiété, j'ai donc pris les choses en main : alimentation parfaite, natation, yoga, méditation et psychothérapie. J'étais très entourée de ma famille et de mes amis. J'ai essayé l'hypnose pour vaincre mes angoisses nocturnes, ça m'a aidée. Ma sœur pratiquait le reiki à distance, ce qui me faisait dormir sereinement. Et dès que les peurs se faisaient trop entendre, je m'offrais un moment de bien-être avec un massage ayurvédique spécial femme enceinte. Mon bébé bougeait, il aimait ça.

Sur le plan physiologique, j'étais au top : grossesse et accouchement parfaits.

Il a fallu accompagner le mental pour que bébé reçoive un maximum de pensées positives. »

Agathe G., primipare à 37 ans

Nos conseils

Quel que soit votre contexte familial, vous êtes agitée par de nombreuses émotions, cela prouve que vous êtes humaine, c'est plutôt une bonne chose. Il est cependant reconnu que les bébés ressentent tout depuis leur poste de contrôle, là, bien cachés au creux de maman, il est donc important de ne pas se laisser aller.

- **Parlez :** pour vous comme pour l'autre parent, la parole est le meilleur moyen de s'apaiser : avec vos proches, vos amis ou même auprès de professionnels (il y a des groupes de parole dans la plupart des maternités).
- **Écrivez :** il existe une multitude de journaux de grossesse, aussi jolis que fonctionnels. Prenez le temps de raconter à votre bébé son histoire, vous verrez, ça fait un bien fou !
- **Rapprochez-vous de votre famille :** si cela est possible, c'est terriblement réconfortant. Vous devenez parent à votre tour, ce qui vous rend plus tolérante, plus compréhensive.
- **Rangez :** préparez un petit nid douillet pour votre bébé. Faites-lui de la place, agencez, dépoussiérez... ce qui vous donnera le sentiment de bien jouer votre rôle de futur parent.
- **Lâchez prise :** laissez venir vos sentiments, vos envies, vos joies et vos peines. Acceptez-les. C'est le moment d'être un peu plus indulgente à votre égard.

★ Une curiosité sans borne

Bien sûr, s'il ne s'agit pas de votre premier enfant, vous avez déjà une idée assez précise de ce qui vous attend. Pour les autres, c'est un champ d'exploration extraordinaire. Que se passe-t-il en vous ? Comment se développe bébé ? Qu'est-ce qu'il entend ? Qu'est-ce qu'il ressent ? Quelle taille fait-il ?

Ces sujets vous passionnent, et c'est bien normal. Il existe une multitude de livres comme l'incontournable *J'attends un bébé* de Laurence Pernoud ou encore *Le Grand Livre de ma grossesse* dirigé par les professeurs Jacques Lansac et Bernard Hédon, et coordonné par Nicolas Evrard. Côté 2.0, il existe des applications très bien faites pour vous accompagner pas à pas vers la connaissance de bébé.

NOTRE SÉLECTION DES APPLICATIONS SMARTPHONE QUI FONT DU BIEN

Baby center : vous entrez la date de conception, et l'appli vous propose des sujets adaptés : idées de menus, de prénoms, et des images de bébé tel qu'il est dans votre ventre.

Pregnancy + : tout sur bébé semaine après semaine, et de magnifiques illustrations en 3D.

Mon glucocompteur : permet de quantifier les glucides de chaque repas à partir de photographies.

Chapitre 6

Ma grossesse, moi et les autres

Si la plupart des grossesses tardives se passent bien, c'est essentiellement grâce à... VOUS ! Premier rôle de cette série à succès, vous en écrivez le scénario jour après jour... Mais vous ne vivez pas ces neuf mois en ermite, votre compagnon, votre environnement professionnel et vos amis font aussi partie de votre quotidien de future maman... pour le meilleur et pour le pire ! ☺

Je prends soin de moi

L'avantage à 40 ans, c'est qu'on connaît bien son corps, ses forces et ses faiblesses, un atout considérable pour le ménager et le mettre en valeur au cours de ce *baby bump* un brin tardif.

★ Je choisis mes aliments

Alors que votre ventre s'arrondit allègrement, vos siestes tendent à se rallonger et votre énergie à baisser. C'est normal, autour de 40 ans, la prise de poids est plus rapide et la fatigue plus marquée ! La bonne nouvelle, c'est que vous pouvez retrouver du tonus et redresser l'aiguille de la balance grâce à une alimentation ciblée et équilibrée.

Je ne mange pas pour deux, mais deux fois mieux !

Si votre grand-mère se resservait plutôt deux fois qu'une en couvant son bébé, les temps ont bien changé ! On le sait aujourd'hui : une femme enceinte ne doit pas ingérer plus de 300 calories supplémentaires pour subvenir à ses besoins et à ceux de son fœtus.

Le surpoids est d'ailleurs vivement déconseillé par les experts et plus particulièrement dans le cadre des grossesses tardives.

Sans suivre un régime draconien, il est possible de limiter sa prise de poids au cours de sa grossesse en adoptant simplement une alimentation équilibrée, riche en vitamines.

Témoignage

« Je suis tombée enceinte à 41 ans. Plutôt mince, je redoutais la prise de poids :j'avais vu tellement de copines prendre entre 20 et 30 kg ! Je savais que ces kilos de grossesse se perdaient plus difficilement après 40 ans. Du coup, j'ai pris des bonnes habitudes dès le début malgré les nausées et la fatigue des premiers mois : des fruits, des légumes, des céréales complètes, des snacks sains type oléagineux, yaourt de brebis, bâtons de crudité, chocolat noir, smoothies gourmands… Je n'ai jamais ressenti de frustration car j'avais la sensation de manger à ma faim, sans réduire ou augmenter drastiquement mes portions.

« À 41 ans, j'ai pris 7,5 kg pendant ma grossesse. »

L'apport en fruits et légumes m'a aussi permis de lutter contre la fatigue et de vivre normalement : j'étais dopée aux vitamines et aux bons nutriments.

Et j'ai fait mentir tous ceux qui me disaient que j'allais accoucher d'une crevette : au final, j'ai pris 7,5 kg et j'ai fait un bébé de 3,5 kg. Preuve, s'il en est, qu'on n'est pas obligée de doubler de volume pour faire un beau bébé. »

Anne-Lise P., primipare à 41 ans

Pour vous aider à prendre de bons réflexes, Claire Andreewitch, naturopathe et coach bien-être, vous a concocté un menu sain et plein d'énergie.

Menu pleine forme pour future maman épuisée !

Arrêtez-vous de manger quand vous êtes arrivée à satiété.

N'hésitez pas à fractionner vos repas, surtout si vous êtes fatiguée ou nauséeuse.

Mangez léger le soir pour favoriser un sommeil réparateur et soulager les inconforts digestifs.

Évitez les repas complexes (plus de 3 aliments) : en privilégiant la simplicité, votre organisme se fatiguera moins vite et intégrera mieux les nutriments

LE MATIN

Un smoothie de fruits frais au blender ou un grand verre de jus de légumes frais pressés à l'extracteur,

éventuellement saupoudré de deux cuillères à café de pollen de cerisier (en vente sur Internet chez apicia.fr).

Puis, au choix :

- un bol de fruits frais avec des oléagineux (amandes, noisettes, etc.) ;
- une tartine de pain bio, si possible sans gluten, avec un avocat écrasé et du citron ;
- un pudding aux graines de chia avec des fruits frais.

LE MIDI

Une grande salade composée avec :

- des crudités de saison ;
- un peu de protéines (max ¼ de l'assiette) type poisson gras, volaille bio ou lentilles, pois chiches et haricots ;
- un peu de céréales de préférence sans gluten pour ne pas alourdir le corps (quinoa, amarante, millet, sarrasin…) ;
- des huiles vierges : huile d'olive, colza, avocat, argan, sésame, etc. Variez-les et faites une cure d'huile de lin ou cameline régulièrement pour le bon apport en oméga-3.

LE DÎNER

Au choix :

- Des légumes vapeur avec un peu de poisson (riche en tryptophane, qui favorise l'endormissement).

- Une assiette de patate douce avec des lentilles corail.
- Une soupe de légumes avec une salade de crudité.

EN BOISSON

Eau, tisanes et eau de coco en abondance.

LES COMPLÉMENTS ALIMENTAIRES

Vous pouvez prendre de la spiruline matin et midi pour booster l'organisme et pour faire le plein de fer, d'acides aminés et de minéraux.

Les bons nutriments pour mon bébé

Si une bonne alimentation est essentielle au bien-être de la future maman, elle est également indispensable au bon développement du fœtus ! Voici comment aller chercher les bons nutriments à la source.

Quoi ?	Pour quoi ?	Où ?
L'acide folique	Développer son système nerveux	Légumes verts, épinards, cresson, mâche, châtaigne, noix, pois chiche, bananes, fruits rouges, légumineuses, surtout en début de grossesse.
Le calcium	Construire son squelette	Brocolis, amande et légumineuses.
La vitamine D	Solidifier ses os	Œuf, poisson, produits laitiers, et... soleil !

Quoi ?	Pour quoi ?	Où ?
Le fer	Favoriser sa croissance et celle de votre placenta	Viandes maigres, épinards et légumes verts, haricots, légumineuses, chocolat noir.
L'iode	Former son cerveau	Aliments marins (algues, poisson, moules...).
Le bon gras (oméga 3 et oméga 6)	Prévenir de l'obésité	Les huiles (colza, lin, noix, canola...), les petits poissons gras (truite, maquereaux, sardines, harengs).

Fallait le savoir !

Vous vous sentez carencée malgré une alimentation aux petits oignons ? Faites un bilan sanguin et votre médecin vous prescrira des compléments alimentaires adaptés.

Tout doux sur les aliments à risques

Enfin, si certains aliments sont à privilégier, d'autres sont à consommer avec modération ou à proscrire :

- La caféine : on se limite à deux tasses de café par jour et on évite le thé noir et les boissons énergisantes qui en contiennent également.
- La nourriture industrielle, pauvre en nutriments et riche en calories.
- Les édulcorants comme l'aspartame qui peuvent favoriser la prématurité.
- Le foie, trop riche en vitamine A, qui, surdosée, peut provoquer des malformations fœtales.

- Le soja, qui contient des phyto-estrogènes, substances pouvant interférer sur le système hormonal de la mère et du bébé.
- Le cru, sous forme de poisson, de charcuterie, de produits laitiers ou d'œuf, surtout si vous n'êtes pas immunisée contre la toxoplasmose.
- Les gros poissons comme le thon, le saumon, la daurade, l'espadon, le marlin, le requin, à haute teneur en mercure.
- Les produits enrichis en phytostérols, destinés à faire baisser votre taux de mauvais cholestérol, qui empêchent l'assimilation de certaines vitamines importantes pour vous et votre bébé (margarine, certains yaourts, etc.).
- Et bien sûr l'alcool sous toutes ses formes !

★ Je me fais belle

Votre silhouette se transforme chaque jour et votre corps vous réserve des surprises, plus ou moins faciles à gérer... Acceptez ces changements et tirez-en parti !

Mes gestes beauté

Une jolie peau

Mieux irriguée par les hormones, vous avez naturellement bonne mine ! Une belle occasion de lever le pied sur les cosmétiques, souvent munis de phtalates ou de nanoparticules. Mais votre peau peut également souffrir de sécheresse cutanée ou d'une recrudescence d'acné. Si vous partez à la mer ou à la montagne, appliquez quotidiennement une protection indice 50+, vous échapperez ainsi au masque de grossesse !

Une belle poitrine

Vos seins prennent du volume, leurs fibres élastiques sont mises à rude épreuve ! Pour prévenir les vergetures, massez-vous dès le début de la grossesse avec de l'huile d'argan ou d'amande douce et prévoyez un gommage doux hebdomadaire, susceptible d'améliorer l'élasticité de la peau. Enfin, si vos seins sont congestionnés, mettez quelques glaçons dans un gant de toilette et passez-le délicatement sur votre poitrine, c'est plus agréable que le jet d'eau froide.

Une chevelure au top

Baignés d'hormones, vos cheveux ont tendance à être plus brillants, plus souples et plus volumineux. Mais, dans certains cas, ils deviennent secs et cassants : des masques à l'huile de coco ou au beurre de karité peuvent vous sauver la mise ! Pour vos colorations, mieux vaut passer au bio, vous éviterez ainsi l'apport de produits chimiques. Enfin, offrez-vous un gommage capillaire pour prévenir l'inéluctable chute post-grossesse : plus votre cuir chevelu est stimulé, plus il constitue un terrain fertile pour vos cheveux, qui n'auront plus envie de tomber.

Mon look de femme enceinte

S'habiller enceinte peut s'avérer délicat selon les saisons, mais aussi quand on a un job à responsabilité. Déjeuners d'affaire ou réunion avec SuperBoss, pas question de faire l'impasse sur l'élégance et la féminité.

Des accessoires à gogo

Nouez un foulard autour de votre cou, portez un bandeau de cheveux, laissez pendre un bola de grossesse (bijou indonésien connu pour ses vertus apaisantes sur le fœtus) ou un joli sautoir sur votre ventre rebondi, sortez vos bijoux les plus fantasques... Enceinte, tout est permis ou presque en termes d'accessoires !

Un nouveau look ? Et pourquoi pas !

Jouez avec les couleurs et les motifs, en évitant le criard ou le trop bariolé bien sûr qui n'affinent pas vraiment la silhouette... Ces neuf mois sont l'occasion de faire différemment et personne ne vous en voudra ! Côté forme et matière, privilégiez le doux, l'extensible et le fluide qui laisse le ventre s'épanouir. Vous avez besoin de vous sentir à l'aise !

Des formes bien mises en valeur

Sans tomber dans la vulgarité, vous pouvez vous permettre d'attirer le regard sur votre décolleté. Un débardeur, un T-shirt de grossesse col V, un cache-cœur ou une chemise trapèze légèrement ouverte se portent à merveille sous une veste de tailleur. Ne cachez pas votre ventre : le mettre en valeur permet d'affiner la silhouette ! Une jolie robe Empire resserrée sous la poitrine est élégante et parfaitement adaptée à vos formes et à la vie de bureau.

★ Je me bouge !

Si vous êtes réfractaire au sport, cette grossesse est peut-être l'occasion de vous y mettre tout en douceur... En effet, l'activité physique limite les risques de diabète, d'hypertension, de Prééclampsie et de naissances par césarienne, plus fréquents chez les futures mamans quadra.

Décrié il y a vingt ans, le sport pendant la grossesse est aujourd'hui préconisé par tous les experts ! En plus d'agir positivement sur le moral et sur le physique, il aurait un impact bénéfique sur le cerveau, le poids et le cœur du bébé.

Fallait le savoir !

Du sport oui, mais pas n'importe lequel ! On évite les activités qui génèrent des chutes ou des efforts trop intenses. Exit l'équitation, l'ascension sportive, les sports de combat et place à la marche et à la natation et au vélo (de préférence en salles de gym et en position semi-allongée en fin de grossesse).

Mention spéciale au yoga et aux pilates qui travaillent souplesse et maintien, en sollicitant différents groupes musculaires. Idéal pour les dos parfois plus fragilisés des futures mamans tardives !

★ Demain, j'arrête ?

Faut-il suspendre un temps les apéros entre copains et les réconfortantes pause-café-clope au bureau ? Oui, mais c'est pour la bonne cause ! D'autant que l'alcool et la cigarette favorisent les fausses couches, la prématurité et les malformations, trois pathologies auxquelles vous êtes plus exposée.

Pour éviter de multiplier les risques, la tolérance zéro est donc de mise ! Plus facile à dire qu'à faire ? Sans doute, mais tout dépend du type d'addiction et de votre consommation quotidienne.

Côté tabac, le défi est plus ardu à relever, surtout si vous êtes une grosse fumeuse. L'addiction y est plus forte qu'à l'alcool. Mais cette grossesse n'est-elle pas l'occasion rêvée d'écraser votre dernière cigarette ?

Nos astuces anti-tabac :

- **Parlez-en !** à votre chéri, à votre famille, à vos amis et soyez claire : pas de cigarette en votre présence pendant neuf mois, même en ouvrant la fenêtre !
- **Faites-vous aider :** coaching, suivi psychologique, groupes de parole... sont aussi là pour vous épauler. Le site http://www.tabac-info-service.fr/ est une mine d'informations et vous orientera vers les bonnes personnes.

- **Testez les médecines douces :** de plus en plus plébiscitées, elles soignent divers types d'addictions en quelques séances. Les plus connues sont l'acupuncture, l'hypnose et l'homéopathie.
- **Utilisez des gommes et des patchs :** moins nocifs que la cigarette qui contient des produits toxiques en plus du tabac, les traitements substitutifs antitabac constituent un moindre mal… Pour info, ils sont pris en charge par la Sécurité sociale à hauteur de 150 euros par an sur prescription médicale et certaines mutuelles couvrent les frais supplémentaires.

Fallait le savoir !

Consommée régulièrement (dès deux verres par jour, selon certains médecins), l'alcool provoque le syndrome d'alcoolisation fœtale (SAF), susceptible de générer des anomalies faciales, une malformation de la boîte crânienne, un déficit intellectuel *via* des troubles de l'attention, de la mémoire, de l'apprentissage… Le SAF est la première cause d'handicap mental à la naissance.

Bon à savoir : il n'y a pas d'alcool moins nocif que les autres. Toutes les boissons alcooliques (vin, bière, rhum, vodka, whisky, pastis, etc.) contiennent la même molécule dangereuse pour le fœtus, à bannir impérativement : l'éthanol.

ARRÊTER LE TABAC AVEC L'HYPNOSE

L'hypnose est une technique efficace pour arrêter de fumer. Elle aide à se déconditionner du tabac grâce à des exercices simples basés sur la suggestion.

Concrètement, comment se déroule une séance ? Le thérapeute vous plonge dans un état de conscience modifié, vous permettant de faire abstraction de la réalité environnante. Puis il fait passer de nouveaux messages à votre inconscient : la fumée est un poison, votre corps doit s'en protéger, il est possible et agréable de vivre sans cigarette. Au fil des séances, votre cerveau intègre l'information et votre envie de tabac... part en fumée !

Cela coûte environ 350 euros pour 4 à 5 séances.

Bon à savoir : les séances sont remboursées par la Sécurité sociale si le thérapeute est un médecin conventionné. Pour bien le choisir et éviter les charlatans, consultez www.hypnose-medicale.com.

Et un p'tit joint pour se détendre ? Non plus ! S'il vous promet une douce euphorie et le relâchement des tensions, le cannabis est un faux allié, largement aussi dangereux que le tabac ! Outre le fait qu'il favorise la prématurité et les petits poids de naissance, il génère des troubles du comportement chez le nouveau-né et jusqu'aux 12 ans de l'enfant : tremblements, problèmes de sommeil, retard de croissance...

★ Les petits kiffs de la femme enceinte

Certes, votre ventre rebondi vous encombre et vous empêche de faire vos lacets, mais il vous octroie un certain nombre de privilèges non négligeables. Profitez-en, neuf mois ça passe vite... Et la suite s'apparente plus à une saison complète de « Koh-Lanta » qu'à un long fleuve tranquille. ☺

Excusez-moi, je peux m'asseoir ?

Aller au supermarché, prendre le métro, acheter une place de cinéma, faire vos démarches administratives... Tout cela n'a jamais eu autant de charme ! Où que vous soyez, vous êtes P.R.I.O.R.I.T.A.I.R.E ! Ce n'est pas toujours évident pour certains, mais un regard appuyé, la mise en avant de votre ventre ou une demande exprimée clairement suffisent souvent à vous libérer une place.

La star, c'est vous !

Depuis que vous arborez votre ventre rebondi, vous êtes au centre de toutes les attentions ! On prend de vos nouvelles, on vous regarde avec attendrissement et bienveillance, on s'occupe de vous, même quand vous n'avez rien demandé... Parfois, c'est un peu *too much*, mais avouez que tant de sollicitude n'est pas pour vous déplaire ! Cette heure de gloire ne dure qu'un temps, alors profitez-en... avant l'arrivée imminente de bébé, qui vous volera aussitôt la vedette !

FAITES-VOUS TIRER LE PORTRAIT PAR VOTRE CHÉRI OU PAR UN PRO EN STUDIO !

Avec votre joli ventre rond, c'est le moment ou jamais d'immortaliser votre grossesse, surtout si c'est la dernière ! En plus de vous laisser un charmant souvenir, jouer les stars face à l'objectif est une façon d'accepter vos formes et de sublimer vos atouts de femme enceinte.

Et si vous avez déjà des enfants, n'hésitez pas à les faire participer. Partager un moment tendre et drôle en famille est idéal pour préparer la tribu à l'arrivée du petit dernier !

Du temps, du temps et encore du temps

Si vous vivez vos dernières heures de *childfree*, un conseil : faites tout ce que vous ne pourrez plus faire par la suite ! Bouquinez, pratiquez le *binge watching* avec votre série préférée, passez la journée en pyjama, oubliez les horaires et les contraintes, ne pensez à rien... Le tout sans culpabiliser ! Oui, vous y avez droit, personne ne vous le reprochera, alors ne vous en privez pas !

Si vous trouvez le temps long, voici de quoi occuper vos journées et prendre une longueur d'avance sur la suite des événements. Pour ne pas être prise au dépourvu, l'idéal est de préparer votre valise de maternité 3 semaines avant le terme supposé.

Aménager un nid douillet pour votre bébé

Préparer la chambre de votre bout de chou vous projette tout en douceur dans la maternité… Et quand on sait que bébé y passera plus de 90 % de son temps lors des premiers mois, autant lui fabriquer un petit cocon sain et sécurisé !

Notre astuce : aménager sa chambre selon les principes du feng shui ! Le feng shui est l'art d'aménager un lieu en optimisant la circulation de l'énergie vitale (le *Qi*) afin d'améliorer le bien-être et la qualité de vie de ses habitants. Une chambre feng shui apporte sérénité, sécurité et harmonie au nourrisson.

- **La chambre :** elle doit être située dans une partie calme (*yin*) de la maison, à l'écart de l'entrée ou des pièces à vivre comme le salon, le séjour, la cuisine ou le bureau (*yang*). Si elle est à l'est de la maison ou de l'appartement, c'est encore mieux car l'est représente l'élément bois et la croissance.
- **La position du lit :** il doit être placé dans un coin, avec seuls deux de ses côtés ouverts afin que bébé se sente protégé. Idéalement, la tête de votre bout de chou doit avoir une vue directe sur la porte, pour qu'il puisse voir qui entre dans sa chambre.

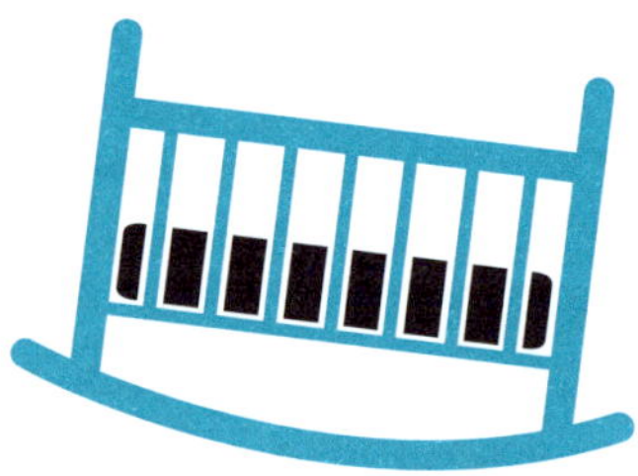

- **Les couleurs :** un parfait équilibre entre des couleurs douces (*yin*) et des couleurs vives (*yang*) est préconisé, avec de préférence deux couleurs dominantes : par exemple, une couleur pastel agrémentée de taches plus vives.
- **La lumière :** douce et indirecte bien sûr !
- Quant aux **jouets** et à la **décoration**, les matières douces et naturelles ont la cote (du bois pour les meubles et les jouets, du coton et du lin pour le linge de lit et les doudous, etc.). Inutile de surcharger les murs, les étagères ou le sol : le désordre est l'ennemi du *feng shui* car il entrave la bonne circulation des flux énergétiques !

Fallait le savoir !

Saviez-vous que la pollution de l'air intérieur est 6 à 8 fois plus importante qu'à l'extérieur ? Pour limiter les dégâts dans la chambre de votre bambin, vous pouvez :

- opter pour une peinture bio et peindre trois mois avant la naissance de bébé : les odeurs toxiques auront ainsi le temps de s'évaporer ;
- privilégier le mobilier en bois massif, plutôt que les meubles en aggloméré qui émettent du formaldéhyde, un gaz irritant, allergisant et cancérigène ;
- installer un purificateur d'air, qui agira comme un filtre à déchets organiques.

Préparer une liste de naissance sur mesure

Confectionner une liste de naissance fait clairement partie des petits plaisirs de la future maman ! Primipare ou multipare, on a toujours besoin d'équipements pour accueillir bébé... Et cela vous permettra de ne pas recevoir le même doudou en cinq exemplaires ou des bodys exclusivement en taille 3 mois. Notre astuce : soyez efficace !

- Avant toute chose, faites la liste de tout ce que vous pouvez éviter d'acheter... Lancez un appel aux copines et à la fratrie. Ils ont certainement un babyphone, une baignoire ou un transat à la cave (à moins qu'ils n'aient tout jeté ? Ben oui, ils ne pensaient pas vous voir un jour enceinte)...
- Si vous la faites en ligne, choisissez un site qui vous donne la possibilité de choisir des articles issus de différentes enseignes (comme www.mesenvies.fr).
- Si vous manquez d'inspiration là tout de suite, faites une « cagnotte » pour choisir plus tard ce qui vous plaît. Cela permettra à ceux qui veulent faire un petit geste de déposer la somme qu'ils souhaitent...
- Pensez aux cadeaux immatériels : journée spa pour maman, heures de baby-sitting, sortie restau pour les parents... Oui, oui, elle est aussi pour vous cette liste !

Mon homme, mon allié

Vous menez votre grossesse tambour battant, bravant les nausées et les journées à rallonge... Vous êtes sur tous les fronts, au bureau, en famille, en société ! Mais n'auriez-vous pas oublié de bloquer un créneau dans votre emploi du temps de ministre ?

★ Je prends soin de mon couple

Vous lui avez sauté au cou en brandissant votre test de grossesse et puis... plus rien ! Votre chéri se demande légitimement pourquoi il fait désormais partie des meubles... Que les galipettes ou les soirées arrosées ne soient pas au centre de vos préoccupations, soit ! Mais pourquoi ne pas vous ménager des moments de partage en tête-à-tête avant l'arrivée de la tornade Wonderbaby ? Votre couple vous en remerciera quand sonnera l'heure des couches-culottes et des nuits courtes !

Connaissez-vous la *baby moon* ?

Il s'agit d'un week-end en amoureux, au troisième trimestre de grossesse, pour se détendre et profiter l'un de l'autre avant le jour J. Quelques conseils pour l'organiser :

- Ne vous éloignez pas trop de votre lieu de résidence (2 heures maximum), au cas où votre bambin pointerait le bout de son nez avec un peu d'avance.
- Concoctez-vous un programme cocooning, 100 % plaisir : massage, petit-dej' au lit, dîners gastronomiques... Oubliez la visite de la ville qui vous fait tant rêver.

Et le sexe dans tout ça ?

Certaines ont envie de grimper aux rideaux, d'autres ne supportent plus qu'on les touche... Encore un coup des hormones !

Et votre homme ? Il peut être perplexe, déstabilisé, voire effrayé, face à votre nouvel état, vous êtes devenue un vase sacré, quasiment intouchable...

Il est donc fort à parier que le cours de votre sexualité fluctue au gré de vos humeurs et de ses angoisses, avec des pics d'activité et de longues traversées du désert...

Fallait le savoir !

Un bémol tout de même concernant vos ébats enceinte : si votre col est modifié (plus court ou ouvert), si vous avez déjà des contractions ou si vous êtes en fin de grossesse, cela peut déclencher votre accouchement (c'est la fameuse « méthode à l'italienne »).

Si vous êtes en mode torride et que chéri répond à vos avances, alors faites-vous plaisir ! L'activité sexuelle ne fait courir aucun danger au fœtus.

LE KAMA-SUTRA DE LA GROSSESSE

Au premier trimestre, la quasi-totalité des positions sont envisageables. Mais certaines offrent plus de confort :

- La position de la déesse : l'homme s'assoit les jambes à l'horizontale. La femme s'assoit sur lui et l'entoure de ses deux jambes. Vous pouvez aller et venir au rythme qui vous convient, c'est vous qui dirigez les opérations.
- La position du roseau : la femme s'allonge sur le dos et prend appui sur sa tête et ses jambes pliées. L'homme à genoux soulève le bassin de la femme pour la pénétrer. Vous faites des câlins sans risquer d'avoir mal à la poitrine et votre homme a l'impression de tenir les commandes.

Aux deuxième et troisième trimestres, les choses se compliquent un peu. Les positions du missionnaire ou en face-à-face sont à proscrire. Il vous faudra privilégier :

- La levrette : la femme est sur ses genoux et offre son bassin à l'homme en lui tournant le dos. Le ventre est complètement dégagé, aucun risque de compresser le fœtus.
- La cavalière : l'homme est allongé, la femme est assise bien droite sur lui. Là encore, le ventre ne subit aucune pression et c'est vous qui donnez le rythme !

★ Je fais de la place au futur papa

Ok, ce bébé, c'est vous qui le portez et votre corps se charge de vous le rappeler tous les jours, mais n'oubliez pas qu'une grossesse se vit à deux ! D'autant que les quadras sont réputés être plus disponibles et plus investis dans leur rôle de futur père, comme en témoigne Gilles Vaquier de Labaume, créateur de « l'Atelier du futur papa » : « Au cours des séances que j'anime, j'observe que les futurs papas quarantenaires prennent plus à cœur leur rôle de père en devenir. Ils sont incontestablement plus motivés et, surtout, ils ne veulent rien rater, quitte à remettre en question leurs habitudes, pour réussir cette mission de vie à très haute responsabilité. »

Certains trouvent spontanément leur place à vos côtés…

Témoignage

« Quand H. est tombée enceinte suite à notre parcours de PMA, j'ai tout de suite su quel devait être mon rôle auprès d'elle et du bébé : créer l'environnement le plus sain et le plus agréable possible. J'en ai fait mon nouveau job, moi qui étais en pause professionnelle !

J'ai géré tous les aspects logistiques et j'étais aux petits soins : je faisais la cuisine, le ménage, mais aussi les massages ! Je voulais que ma femme puisse se concentrer sur sa grossesse, qu'elle soit dans une bulle malgré une vie professionnelle exigeante et hyperactive.

« J'ai trouvé ma place naturellement pendant la grossesse de ma femme ! »

Je m'intéressais aussi de près à son évolution, j'ai lu des bouquins sur la grossesse et nous avons rédigé ensemble le projet de naissance. J'ai également participé activement à son accouchement physiologique : j'étais plus acteur que spectateur !

À aucun moment, je n'ai eu la sensation de subir les choses. En tant que futur papa, j'avais une place à prendre et je l'ai prise naturellement. »

Cédrick P. S., première fois papa à 43 ans

… alors que d'autres peinent à s'investir malgré un réel désir de vous accompagner dans cette grande aventure ! La perspective de devenir ou de redevenir père tardivement peut être source d'anxiété.

★ Aidez-le à s'impliquer d'avantage !

Testez l'haptonomie

Le meilleur moyen de l'impliquer est de le rendre acteur de l'accouchement au même titre que vous ! Parmi toutes les préparations à la naissance, il en est une qui fait la part belle aux hommes : l'haptonomie. Cette technique, élaborée par le docteur néerlandais Frans Veldman, consiste en des caresses et des attouchements sur le ventre de la future maman adressés au bébé.

Témoignage

« J'ai découvert l'haptonomie, lors du troisième mois de grossesse de ma compagne. Nous avons établi une grande complicité à trois, grâce à cette connexion silencieuse et intime. J'ai pris conscience de l'interdépendance de la cellule familiale où chacun occupe sa place.

« J'ai une relation exceptionnelle avec mon dernier fils grâce à l'haptonomie. »

Je me suis senti acteur et non plus simple spectateur, ce qui m'a procuré un grand sentiment de fierté et de plénitude, en tant que futur papa.

Après la naissance de L., j'ai compris que les bienfaits de l'haptonomie allaient bien au-delà de la grossesse et de l'accouchement. Mon fils et moi sommes très proches, il a besoin de mon contact physique et sait qu'il sera toujours accueilli et considéré. La relation que nous avons nouée *in utero* a créé un profond attachement et une grande sécurité intérieure chez lui.

Je ne regrette pas mon investissement dans cette pratique. Pour moi, il est clair que c'était le meilleur chemin vers la paternité. »

Jérôme G., 48 ans, papa de 4 enfants

Offrez-lui un stage à l'Atelier du futur papa

Si vous le sentez angoissé, proposez-lui de se former. L'Atelier du futur papa est la première formation exclusivement dédiée aux papas et animée par un homme. Au programme de cette journée unique : des exercices pratiques pour apprendre à donner le bain, changer un nourrisson, nettoyer le cordon, mais aussi une sensibilisation à l'éducation positive et la découverte de nouveaux matériels de puériculture.

C'est aussi l'occasion pour votre chéri de poser toutes les questions qui le hantent, de s'épancher et d'échanger avec d'autres papas dans une ambiance détendue et bienveillante... entre mecs !

Plus d'info : www.atelierdufuturpapa.com.

Trouver le bon équilibre au travail

Alors que votre carrière bat son plein, un heureux événement vient bousculer votre quotidien professionnel ! Que vous soyez fan ou pas de votre job, il va falloir trouver le juste équilibre entre travail et grossesse...

★ Vos droits et vos devoirs

Déclaration de grossesse

Vous devez prévenir votre employeur de votre grossesse par lettre recommandée avec avis de réception. Même si le Code du travail ne prévoit aucun délai, il est de bon ton de l'annoncer à la fin du premier trimestre. À partir de là, vous bénéficiez d'un régime plus protecteur : votre employeur ne peut pas vous licencier et vous n'êtes pas tenue d'honorer votre préavis en cas de démission.

Absences pour RDV médicaux

Vous avez le droit de vous absenter pendant vos heures de travail pour vous rendre à vos examens obligatoires : une consultation avant le troisième mois de grossesse et les six consultations suivantes.

Bon à savoir

Le père a désormais droit à trois absences sur son temps de travail pour accompagner sa femme, sur présentation d'un certificat du médecin.

Congé maternité : salaire et durée

C'est votre 1er ou 2e enfant	16 semaines d'arrêt (6 avant la naissance et 10 après).
Vous en êtes à votre 3e bambin	26 semaines d'arrêt (8 avant et 18 après).
Vous attendez des jumeaux	34 semaines d'arrêt (12 semaines avant et 22 après).

Avec l'accord de votre médecin, vous pouvez raccourcir votre congé prénatal afin d'allonger votre congé postnatal.

Ces congés ouvrent droit à des indemnités journalières payées par l'Assurance-maladie, équivalentes à 80 % de votre salaire net.

Bon à savoir

Selon votre convention collective, l'intégralité de votre salaire peut être maintenu et la durée du congé maternité allongée. N'hésitez pas à la consulter dès que vous êtes enceinte : www.legifrance.gouv.fr.

Si vous êtes chef d'entreprise ou free-lance, vous dépendez du RSI (Régime social des indépendants). Renseignez-vous auprès de cet organisme pour connaître les allocations forfaitaires et les indemnités journalières auxquelles vous avez droit.

Aménagement d'horaires

Il est possible que vos journées de travail soient écourtées sans perte de salaire : 10, 20 ou 60 minutes travaillées en moins chaque jour. Mais rien n'est inscrit dans le Code du travail à ce sujet ! Là encore, c'est à votre convention collective qu'il faut vous référer.

★ Faites-vous arrêter... si nécessaire

Fatigue, jambes lourdes, mal de dos... les petits maux de la femme enceinte sont parfois plus difficiles à vivre dans les transports et au bureau à 40 ans qu'à 25 ! Le quotidien vous pèse et la fatigue gagne du terrain... Quelle est votre marge de manœuvre ?

- **L'arrêt de travail** temporaire ou définitif en fonction de votre état : votre médecin ne prendra aucun risque, surtout à votre âge « avancé »
- **Le congé pathologique** au cours du troisième trimestre : d'une durée de quinze jours maximum, il est indemnisé comme votre congé maternité et doit être consommé en amont de ce dernier. Là encore, vous n'aurez pas beaucoup à insister : la précaution est de mise !

Fallait le savoir !

Attention cependant aux arrêts trop prématurés ! Près de 50 % des femmes sont arrêtées définitivement à la fin du deuxième trimestre mais les résultats ne sont pas toujours ceux escomptés : sédentarité, solitude et anxiété peuvent gâcher vos derniers mois.

L'idéal serait donc de poursuivre une activité professionnelle mais en l'aménageant. Tous les employeurs ne sont pas ouverts à la discussion, mais certaines entreprises vous facilitent la vie. Si vous êtes dans une grosse structure, prenez rendez-vous avec votre DRH et discutez. Des alternatives type télétravail ou horaires allégés vous seront peut-être proposées.

★ Levez le pied avant qu'il ne soit trop tard

Parfois vous êtes tellement bien dans votre job que vous en oubliez votre petit ventre naissant ! Gare au surmenage et au risque de prématurité.

Témoignage

« Je suis cadre supérieur dans une banque, j'adore mon job et j'ai toujours eu un rythme pro très soutenu avec de nombreux déplacements. Quand je suis tombée enceinte à 40 ans, j'étais ravie et je faisais tout pour que les choses se passent bien, en soignant mon hygiène de vie. J'étais plutôt en forme et ma grossesse n'avait de tardive que le nom ! Je gérais les nausées et les petits coups de fatigue sans problème. Du coup, j'ai continué à travailler sans vraiment lever le pied. Je voyageais tous les quinze jours et je me positionnais sur des projets à responsabilité. Il n'était pas question pour moi de mettre ma vie professionnelle entre parenthèses !

« Hyperactive professionnellement, j'ai été arrêtée prématurément. »

Mais au sixième mois, j'ai senti la fatigue gagner du terrain et mes *business trips* commençaient à perdre de leur charme. Lors d'une visite de contrôle chez le gynéco, alors que je ne soupçonnais rien, le diagnostic est tombé : mon col s'était fortement raccourci, il y avait un risque de prématurité. J'ai été arrêtée quinze jours, puis trois mois. Curieusement, mon job adoré ne m'a pas manqué, j'ai pris du temps pour moi et pour préparer l'arrivée de ma fille avec mon mari. »

Hélène P. S.

★ Une mémoire de poisson rouge ?

Vous peinez à boucler vos dossiers et vous avez la désagréable sensation de virer « blonde platine » ? Pas de panique ! Vos neurones n'ont pas pris la poudre d'escampette, ils sont juste accaparés par une affaire de la plus haute importance.

SYNDROME DU NEURONE UNIQUE, MYTHE OU RÉALITÉ ?

50 % à 80 % des femmes enceintes évoquent le syndrome du neurone unique, caractérisé par une diminution des capacités intellectuelles, des trous de mémoire et des difficultés de concentration.

Difficile de savoir si cela correspond à une réalité physiologique ! Certes le cerveau rétrécit de 4 % pendant la grossesse mais aucune répercussion sur les capacités neurologiques des futures mères n'a encore été prouvée. Il est probable que la sensation d'être diminuée intellectuellement soit tout simplement liée à un déficit de sommeil ou à un bouleversement des priorités.

Chapitre 7

Vers un accouchement serein

Pas un accouchement ne se ressemble, le corps choisit quand et comment bébé sera délivré. À nous de guider, d'anticiper, d'exercer et de comprendre ce corps pour qu'il soit prêt le jour J. Plus encore à 40 ans, l'accouchement est un véritable exploit sportif, nécessitant une préparation physique mais aussi psychologique.

Une préparation au top !

Les femmes enceintes sont considérées (la plupart du temps) comme un petit joyau qu'il faut chérir et une kyrielle de prestations sont proposées pour les informer et les soulager.

Cours de préparation à l'accouchement : le B.A.-BA

Oh oui, vous avez un petit sourire en coin du genre « mouais, ça ne sert à rien ces trucs-là... », et plus encore si ce n'est pas votre première grossesse. Jean Gabin disait : « Maintenant je sais, je sais qu'on ne sait jamais ! », il y a toujours un petit quelque chose à apprendre.

Fallait le savoir !

Masser votre périnée plusieurs mois avant l'accouchement avec une huile spéciale permettant de détendre les tissus vous évitera peut-être une épisiotomie.

Dès le quatrième mois de grossesse, vous pouvez commencer les cours de préparation à l'accouchement. Ils sont entièrement pris en charge par l'assurance maladie. Il y a sept séances + un entretien individuel. Ils se prennent auprès d'une sage-femme libérale ou dans votre maternité (à partir du septième mois de grossesse, c'est une bonne idée pour se familiariser avec les lieux et le personnel).

Ces cours portent mal leur nom, ce sont plutôt des séances d'échange, où tous les sujets sont abordés sans tabou, des astuces sont données pour avoir de bons réflexes. Voici un aperçu du planning.

Séance 1	La grossesse avec un grand G. Ce qu'on ressent et comment va bébé. On découvre l'existence de son périnée... Wouah !
Séance 2	Les formalités à connaître, les aides possibles, la valise de maternité.
Séance 3	Le travail. Quand aller à la maternité et comment gérer les contractions... de précieux conseils si vous ne voulez pas faire 15 fois le tour de la maternité avant d'avoir le droit à une salle de travail !
Séance 4	Le déroulement de l'accouchement. Vous pouvez alors aborder vos souhaits (projet de naissance).
Séance 5	L'après-délivrance. Mise en place de l'allaitement, les premières heures de bébé, la reprise de l'activité sportive, professionnelle et sexuelle.
Séance 6	S'occuper de bébé, le changer, le nourrir, le baigner.
Séance 7	Retour à la maison, organisation de la vie de parents (mode de garde, rythme du sommeil, etc.).

On parle beaucoup certes, mais on se relaxe aussi avec des exercices pour détendre le dos, et calmer l'anxiété.

Une préparation *peace and love* : pour vivre intensément !

Une préparation à l'accouchement, ça se passe aussi dans les cabinets des thérapeutes alternatifs, voici un aperçu des pratiques :

- Le yoga : favorise la souplesse, l'endurance, la circulation avec des exercices mais aussi apaise l'esprit avec la respiration.
- La sophrologie : pour les problèmes de sommeil.
- L'hypnose : pour apprendre à gérer la douleur et calmer des angoisses profondes.

- Le pilate : pour continuer l'exercice physique sans prendre de risque.
- L'acupuncture : peut prévenir les naissances prématurées ou au contraire déclencher une naissance dont le terme est passé.

Acupuncture, sophrologie et yoga sont souvent pratiqués par les sages-femmes, choisissez votre praticienne selon vos envies.

Écrire son projet de naissance

Écrire son projet de naissance est peu pratiqué en France, alors qu'il est encouragé par l'Organisation mondiale de la santé. La Grande-Bretagne, l'Allemagne et la Belgique sont coutumières de ce « cahier des charges », qui vous permet d'écrire clairement vos souhaits pour le déroulement de votre accouchement. Loin de menotter le corps médical, il s'agit avant tout d'un outil de dialogue : est-ce que vous souhaitez une césarienne ou non, une péridurale ou non, une épisiotomie ou non, l'utilisation des forceps ou non ? Est-ce que le papa coupe le cordon ou non ? Vous pouvez aller plus loin en indiquant un choix de musique, de position pour accoucher ou du type de praticiens à vos côtés le jour J. Toutes les maternités sont censées accepter votre projet de naissance mais en aucun cas, il ne pourra être considéré comme immuable. En effet, c'est au corps médical de juger *in situ* si les souhaits sont réalisables.

Il n'est pas rare qu'à la suite d'un accouchement on se dise : « si j'avais su », les choses auraient pu se passer autrement avec un projet de naissance.

La transmission mère-fille, pour l'une des réalisations les plus importantes de sa vie (devenir mère), a été est oubliée. Et d'une manière plus générale, le fait de transmettre son expérience de femme à femme s'est perdu dans une série de poncifs et de superlatifs qui travestissent une réalité moins glamour.

NOS ASTUCES

- Faire appel à une doula, c'est renouer avec la tradition de la transmission. Elle conseille, accompagne, échange, prépare les femmes enceintes et peut même être présente le jour de l'accouchement ou garder votre aîné, si vous en avez besoin. Renseignez-vous à l'Association des doulas de France.
- Plus d'info sur le projet de naissance : Sophie Gamelin-Lavois, co-fondatrice de l'AFAR (Alliance francophone pour l'accouchement respecté – http://projetdenaissance.com).

Top départ pour le grand jour

Accoucher dans les temps

Vous êtes moderne et organisée, vous avez trois éléments essentiels dans votre téléphone :

- une appli pour calculer le temps et l'intensité de vos contractions (type Contractions Compteur) ;
- le numéro des urgences de votre maternité pour être conseillée au moindre doute ;
- le numéro d'une ambulance prête à vous secourir (si par malchance vous êtes seule).

Déroulement dit « classique »

Malgré un bain et deux Spasfon, les contractions s'intensifient (...arrrgh). Elles sont même bien régulières, toutes les 5 minutes, vous vous dites : « Ah c'est ça une contraction ! » Ne doutez plus, votre corps se met au travail.

Vous débarquez donc (avec le peu de dignité qu'il vous reste) dans les services d'urgence de votre maternité. Votre petite valise est à vos côtés, votre maillot est parfaitement épilé (ou pas) et votre conjoint est calme et détendu (ou pas) ! Bien.

Un accouchement se passe théoriquement en trois étapes :
- la dilatation du col de l'utérus ;
- l'expulsion du bébé ;
- la délivrance du placenta.

Soyez confiante, vous êtes très entourée (même si vous ne voyez plus personne pendant un long moment). C'est juste qu'un accouchement c'est long, très long (surtout pour le premier bébé). Vous aurez largement le temps de dormir, de discuter, de lire, de tricoter, d'écouter de la musique, de souffrir aussi. Il faudra être endurante !

La péridurale se pose généralement au moment de la dilatation de l'utérus. C'est une totale libération, les contractions se font alors sans douleur. Vous pouvez demander un faible dosage (pour ressentir votre accouchement), vous aurez, de toute façon, une pompe pour doser l'analgésie selon votre douleur.

Puis, le col s'ouvrira pour atteindre son maximum (le fameux 10), et il faudra pousser, pousser, pour faire sortir le bébé, que l'on posera immédiatement sur vous, avant de le nettoyer et de l'emmailloter pour rester bien au chaud.

Tout âge confondu : c'est le scénario de 80 % des accouchements.

Il y a évidemment de nombreuses variantes, quant à la stimulation des contractions, la percée de la poche des eaux, l'épisiotomie, ou les très redoutés instruments type ventouses ou forceps.

Le déroulement dit « médicalisé »

Pour les femmes quarantenaires, les accouchements par césarienne sont plus fréquents (27 % contre 12 % pour les moins de 20 ans). « La césarienne peut être programmée mais peut aussi survenir au dernier moment, pendant le travail. Le col peut avoir des difficultés à se dilater, et/ou le fœtus peut mal supporter les contractions », explique le professeur Laurent Salomon, au service Obstétrique, médecine et chirurgie fœtales à la maternité Necker. « Il y a quelques dizaines d'années, la césarienne était le dernier recours ; pour sauver l'enfant, le plus souvent au sacrifice de la mère ! Même si l'accouchement par voie naturelle est le plus conseillé, la césarienne ne présente plus beaucoup de risque pour la maman. Le risque vient surtout de césariennes répétées », poursuit le professeur Laurent Salomon. « Pour le bébé, on ne sait pas si c'est mieux. Clairement, la césarienne à froid met le bébé à l'abri de toutes les complications de l'accouchement, telles que la souffrance, le manque d'oxygène, le cœur qui ralentit. En revanche, pour ce qui est du rôle du microbiote vaginal (substance « contaminant » le bébé lors de son passage par voie vaginale) ou de l'attachement affectif, ce sont des facteurs que l'on ne sait pas encore mesurer. »

Tout âge confondu : c'est le scénario de 20 % des accouchements.

★ Accoucher très en avance !

On parle d'accouchement prématuré pour une naissance ayant lieu avant la 37e semaine d'aménorrhée.

Les causes sont très variées : avoir un âge inférieur à 16 ans ou supérieur à 40 ans, avoir eu plus de 4 enfants, être une mère vivant seule, être issue d'un niveau socio-économique précaire, avoir une surcharge de travail avec des longs trajets quotidiens, ou fumer.

Ce qu'il faut retenir

Assumer sa grossesse, c'est essentiel pour bien la vivre, et la maturité est un vrai plus !

La plupart des grossesses tardives se passent bien même si certaines pathologies sont plus fréquentes. D'ailleurs, depuis 2015, une grossesse tardive n'est plus considérée comme une grossesse à risque. Cerise sur le gâteau, avoir des enfants à un âge « avancé » serait un signe de longévité selon une récente étude de l'université de Boston !

Prendre soin de soi et adopter une bonne hygiène de vie est essentiel quand on a passé 40 ans pour favoriser une grossesse sereine et éviter le stress prénatal qui aurait un impact sur la santé du bébé d'après une vaste étude hollandaise, réalisée en 2011 sur plus de 66 000 mères et enfants.

Plus le père est impliqué dans la grossesse, et mieux il trouvera sa place à l'arrivée de l'enfant.

Il n'y a pas de recette pour « bien accoucher », mais la préparation physique et mentale joue un rôle essentiel.

Partie 3

Bébé est enfin là !

VOUS VOICI PARENTS d'un tout petit être alors que vos amis choisissent les activités périscolaires de leurs enfants. L'avantage, c'est que vous êtes forts de leurs expériences, et que vos placards sont remplis de vêtements prêtés par les copines.

Comme pour contrebalancer votre âge « avancé », vous vous êtes donné comme mission d'être des super-parents. Après tout, c'est le dernier, le seul, peut être l'unique enfant que vous aurez. Vous avez tout lu, beaucoup observé, parfois même noté secrètement quelques réflexions. Mais voilà, bébé est là et tout se bouscule dans votre tête, vous êtes surpris, déstabilisés, inquiets. Même si vous avez déjà des enfants, ce bébé vous réserve bien des surprises...

Chapitre 8

Bébé, qui es-tu ?

Je te découvre enfin

Bébé est enfin là. On l'a imaginé, fantasmé, attendu encore et encore. On pourrait faire une thèse sur la grossesse et ses turpitudes. Il y a du niveau ! On a passé l'épreuve du feu, celle de l'accouchement, on est épuisé mais heureux... Quoique, comment fait-on maintenant ?

★ Les premiers instants

Un cri libérateur a retenti ! Celui que tous les parents attendent pour sonner triomphalement l'arrivée de bébé. À vrai dire, ce cri est plutôt l'expression du stress et de la surprise de débarquer dans le monde, accompagné de l'impérieuse nécessité de remplir ses poumons...

Le peau à peau

Immédiatement bébé est posé sur le ventre de sa maman. C'est ce qu'on appelle le peau à peau. Ce gros câlin est très pratiqué pour ses nombreuses vertus : rassurant, bébé entend les battements d'un cœur qu'il connaît bien (celui de sa maman), stimulant, il joue un rôle bénéfique dans l'allaitement maternel et, apaisant, il déclenche la production d'ocytocine, l'hormone du bonheur.

Cette pratique a aussi quelque chose d'animal : elle réveille des émotions profondes et crée chez l'enfant un lien éternel avec chacun des parents.

Le peau à peau se pratique aussi à la maison et pendant de longues heures. Hummmm !

Le premier examen de bébé

Dès la naissance, il est essentiel d'évaluer les fonctions vitales de bébé. La fréquence cardiaque, la respiration, le tonus musculaire, la réactivité et la coloration du nouveau-né sont mesurés à 1, 3, puis 5 minutes après la naissance. Il aura son premier bulletin, avec une note sur 10 appelée « score d'Apgar »

L'instinct du nouveau-né

Connaissez-vous le « crawl du sein » ? Décrit pour la première fois en 1987 par une équipe suédoise, il s'agit de la capacité du nouveau-né à ramper spontanément jusqu'au sein de sa mère, répondant à l'instinct fondamental de survie : la succion ! C'est essentiel pour se nourrir, trouver du plaisir et du réconfort.

Le réflexe de préhension, c'est une autre aptitude qui consiste à serrer tout ce que bébé touche.

Le réflexe de la marche automatique est un réflexe étonnant. Il exprime la « mémoire » des coups de pied qu'il donnait dans le ventre de sa maman pour se faire de la place ou changer de position. Soutenu sous les aisselles, bébé donne alors l'impression de vouloir marcher au contact du sol.

Quand vient le moment de passer un premier moment seul avec son bébé, c'est tout son univers qui bascule.

Témoignage

« Aux États-Unis, les protocoles sont très carrés. Nous avons tous les deux coupé le cordon ombilical, puis le bébé a été posé sur Shannon (notre mère porteuse). Quelques minutes après, il était dans mes bras, contre ma peau. Je me souviens qu'il était tout rose, tout frippé, je me souviens de son odeur, mais le temps s'est arrêté, j'ai oublié qui était autour de nous.

Soudain, je suis devenu père, j'ai réalisé que ce petit être fragile avait besoin de moi pour vivre, que c'était mon enfant, pour de vrai.

Puis, Charles l'a pris à son tour contre lui, il était en état de choc, le silence s'est fait, le bébé était bien.

Ensuite, le personnel explique tout : comment s'occuper de bébé de A à Z et vingt-cinq tests sont effectués pour détecter les maladies métaboliques. Un enseignement accéléré d'à peine deux jours, avant d'être raccompagné en fauteuil roulant jusqu'à la voiture. Eh oui, impossible de marcher avec un bébé dans les bras, question d'assurance ! »

« Avec le peau à peau, je me suis senti père. »

Jean S., papa d'un petit garçon issu
de la GPA aux États-Unis

Quand bébé est en couveuse

8,8 % d'entre nous devront surmonter cette épreuve. Nous avons vu que les grossesses tardives sont plutôt exposées. Pour autant, on n'y est jamais préparé, mais on fait face, le mieux possible.

Gardez le contact

Quand bébé arrive trop tôt, les poumons, le tube digestif et le système immunitaire sont immatures et doivent être protégés dans le cocon de la couveuse. Vous ne pouvez pas le nettoyer, ni le changer ; en revanche, vous pouvez lui parler, le caresser et le nourrir ! Oui, l'allaitement au sein n'est pas envisageable au début, néanmoins, à l'aide d'un tire-lait, et d'une petite paille, bébé peut goûter au bon lait de sa maman.

Une autre bonne nouvelle ? Convaincu des bénéfices du peau à peau, le personnel soignant encadre dorénavant les parents de prématurés pour le pratiquer.

Bébé s'exprime avec son corps

Des études poussées ont permis de décoder ce que ressent un bébé en couveuse. En passant de longues heures à le regarder, vous finirez par le comprendre, voici un petit tableau pour vous guider :

Observations	Signes de stress	Signes d'adaptation
Des fonctions vitales	• Changement de fréquences cardiaques • Changement du rythme de la respiration • Changement de la coloration de la peau • Hoquets • Sursauts, soupirs	• Rythme cardiaque stable • Respiration douce • Peau rosée • Bonne digestion

Observations	Signes de stress	Signes d'adaptation
Des mouvements et postures	• Extension des jambes • Doigts en éventails • Main devant le visage • Langue tirée • Dos cambré • Mouvements saccadés	• Mouvements symétriques et doux • Mains ou jambes enlacées • Tendance à agripper • Succion • Main-bouche ou main-visage
Des états de sommeil et d'éveil	• Non différentiables • Gémissements, pleurs • Agitation • Froncement des sourcils	• Bien différenciables • Visage détendu • Bouche en « o » • Capacité de retour au calme
De l'attention et de la capacité d'interaction	• Regard dans la vague, paniqué • Yeux écarquillés • Fuite du regard	• Intérêt à interagir • Capacité à passer d'une source de stimulation à une autre

Nos astuces pour bébé prématuré dès la sortie de la maternité :

- Respectez bien toutes les mesures d'hygiène : lavez-vous les mains régulièrement, changez souvent les draps de bébé, aérez sa chambre.
- Évitez les zones infectieuses : crèche, maison de retraite ou personne malade.
- Ne surchauffez pas ou ne couvrez pas trop votre bébé : la couveuse, c'est fini !

J'apprends à m'occuper de toi

Bien souvent, les parents craignent de dorloter ce petit être tout fragile. Un passage éclair à la maternité ne donne pas toutes les clés… Vous êtes prêts, soyez-en sûrs, écoutez votre instinct et tout ira bien !

Te nourrir

Allaitement ou biberon ? La question explosive

Les quadras sont particulièrement sensibles à l'allaitement. C'est un choix qui demande une certaine volonté et de l'engagement, ça tombe bien, c'est votre point fort.

Voici cependant quelques conseils à observer :

- Choisissez bien votre maternité. En effet, il existe, en France, trente-trois maternités « amies des bébés » en faveur de l'allaitement maternel. Vous risquez d'y être mal vue si vous demandez un biberon… mais surtout, ils n'en auront pas !
- Vous avez le droit de changer d'avis. Vous décidez d'allaiter mais c'est difficile, bébé tète mal et vous êtes épuisée, le biberon soulage votre angoisse de mère-nourricière. Ou au contraire, bébé trouve le chemin du sein et tète naturellement alors que vous n'aviez pas envisagé cette option. Votre cœur de maman fond…
- Quoi que vous décidiez, n'acceptez pas les jugements discriminants, ils risquent de gâter votre bonne humeur et de vous donner le sentiment d'être une mauvaise mère.
- Biberon ou sein, bébé mangera à sa faim. Dans tous les cas, il faut le nourrir à la demande.

Témoignage

« Je voulais accoucher en maison de naissance comme la plupart de mes copines. En Allemagne, c'est très courant, même si les conditions sanitaires sont aussi strictes qu'en France. Toutes les Françaises que je connais et qui vivent en Allemagne accouchent sans péridurale. L'ensemble des pratiques est tourné vers le bien-être du bébé. C'était mon premier enfant et j'étais conditionnée par les messages incessants des sages-femmes allemandes :

"VOUS décidez de votre accouchement." Seulement, après 36 heures de contractions, mon col ne s'est pas ouvert suffisamment, je ne contrôlais rien du tout !

Césarienne, péridurale d'urgence et anesthésie générale, j'ai vécu le scénario catastrophe, avec un souvenir très vague de la naissance de mon fils, une voix lointaine me disant : "C'est un garçon." Deux jours après l'accouchement, j'ai un terrible baby-blues qui a duré trois mois. La cicatrice de ma césarienne a été douloureuse pendant deux mois, avec une horrible sensation d'avoir raté mon accouchement et d'être une mauvaise mère. Un sentiment qui s'est profondément ancré quant à mon choix d'allaitement. Au bout d'un mois, j'ai opté pour l'alternance entre biberon et sein. Un choix difficile à assumer en Allemagne, me contraignant souvent à mentir. Un jour, je me suis même fait insulter à la terrasse d'un café parce que je sortais un biberon pour nourrir mon fils.

« Insultée à la terrasse d'un café parce que je sortais un biberon pour nourrir mon fils. »

Et pire encore, j'ai repris le travail cinq mois après l'accouchement alors que la plupart des allemandes arrêtent de travailler pendant trois ans à la naissance de leur premier enfant. Une différence culturelle diamétralement opposée. »

Hélène, maman à 37 ans en Allemagne

Nos astuces :

- Noter les tétées de bébé est une mission que l'on prend très au sérieux, quelques applications sont là pour vous secourir :
  - Carnet de bébé® : en plus des tétées, vous pouvez inscrire les temps de sommeil, de balade. C'est le carnet de vie de bébé.

  - Baby manager® : sur le même principe mais avec une dimension jeu pour les geeks !
  - Mon allaitement&moi® : élaborée par Gallia®, cette application est hyper complète puisqu'elle permet aussi d'obtenir des conseils personnalisés auprès d'experts.
- Si vous souhaitez éloigner bébé des mauvaises ondes de votre téléphone, il existe un bracelet astucieux : le *nursing bracelet*. Composé de petites pierres numérotées, vous n'avez qu'à déplacer une goutte argentée pour vous rappeler le sein et l'heure de la dernière tétée.
- Sein ou biberon : le rot se pratique toujours pendant ou après la tétée pour évacuer l'air ingéré en même temps que le lait.

★ Te baigner

Dans une petite baignoire ou un lavabo, tout l'art est de tenir bébé sans qu'il nous glisse des mains comme une savonnette ! Un thermomètre est essentiel pour éviter les risques de brûlure et un savon surgras pour sa petite peau délicate. Un bain tous les deux jours est largement suffisant.

♥ **On aime :** la baignoire pliante qui offre un espace à la dimension de bébé, tout en se rangeant facilement.

★ Te changer

La couche est changée sept à dix fois par jour, après un soigneux nettoyage de ce petit fessier. La peau de bébé est hyperfine et ne constitue une barrière protectrice qu'à partir de quatre ans. Jusqu'à cet âge, la peau est perméable, c'est une voie d'accès facile pour les produits chimiques.

Il existe un choix vertigineux de produits, lingettes et crèmes pour le change. *UFC Que choisir* a sorti une enquête en 2016 qui fait froid dans le dos : 8 lingettes pour bébés des marques Bébé Cadum®, Mixa®, Nivea®, Pampers®, entre autres, contiennent du phénoxyéthanol, un conservateur toxique pour le foie et le sang !

Malgré la mention « hypoallergénique », la présence de MIT (conservateur auquel des dermatologues ont décerné en 2013 la palme de l'allergène de l'année !) est relevée dans certains produits « spécial bébé »

Le Mitosyl®, conseillé depuis des années pour les irritations du siège, contient un perturbateur endocrinien (butylhydroxyanisole) dénoncé par la Haute Autorité de santé, pouvant ainsi provoquer de l'eczéma.

Chaussez donc vos lunettes, nous allons vous aider à y voir plus clair ! Si vous voyez sur l'étiquette ces noms barbares, passez votre chemin, ils sont classés à risque :

- le phénoxyéthanol : depuis six ans, l'Agence nationale de sécurité du médicament (ANSM) recommande de ne pas l'utiliser avant trois ans ;
- le butylhydroxyanisole ;
- le paraben ;
- les phtalates ;
- les alkylphénols ;
- les éthers de glycol.

Nos astuces pour cajoler la peau de bébé :

- l'utilisation d'une lessive spéciale est conseillée les premiers mois, en évitant l'adoucissant ;
- modérez la quantité de produits que vous appliquez sur la peau de bébé ;
- méfiez-vous des produits bio contenant des huiles essentielles pouvant être mal supportées par bébé.

♥ **On aime :** Avène® : crème hydratante visage et corps ; Mustela® : baume relipidant visage et corps ; lingettes dermo-apaisantes sans parfum ; Skintifique® : gel hydratant Plus HS ; Uriage® : première eau nettoyante ; Gifrer® ou Laboratoires Gilbert® : liniment oléo-calcaire ; Biolane® : pâte à l'eau Eryderm, et lingettes Sensitive.

★ Te faire dormir

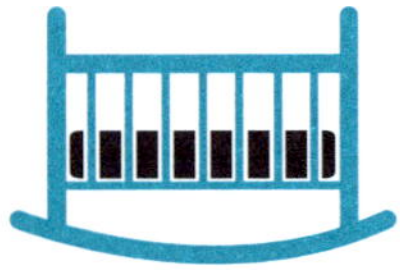

Un bébé dort en moyenne 19 heures par jour, c'est une vraie marmotte. Il en a besoin pour parfaire sa maturation cérébrale et développer son corps.

Seul hic, le sommeil vient le cueillir de manière aléatoire, il lui faudra plusieurs semaines pour distinguer la différence entre le jour et la nuit. Aussi, chaque bébé, ou presque, a son rythme. Laissez-le choisir lui-même les moments où il a faim et ceux où il préfère se reposer.

Ça balance pour bébé ! Les enfants adorent être bercés. Ce petit mouvement doux leur rappelle ce qu'ils ont connu dans le ventre de leur maman. Bébé rythme son cœur et sa respiration sur ce mouvement, accompagné d'une douce berceuse et voilà… le tour est joué.

Nos astuces pour un bon dodo :

- Instaurez le calme autant que possible.
- Installez bébé sur le dos.
- Faites dormir bébé seul, sans peluche, ni oreiller, ni couette (les premiers mois).
- Évitez de réveiller bébé, même pour manger (avec l'accord de votre pédiatre).
- Évitez de surchauffer ou de faire des courants d'air dans sa chambre, bébé y est sensible.

♥ **On aime :** une lecture passionnante, *Journal d'un bébé* de Daniel Stern. L'auteur exprime la voix intérieure de bébé, on sait enfin ce qu'il pense.

★ Te protéger

Tenir bébé sur la table à langer, éloigner les produits d'entretien, bien l'attacher sur la poussette ou le siège auto, mettre vos médicaments hors de sa portée, bloquer l'accès aux escaliers, protéger les coins de table... la maison est à passer au peigne fin. Certains dangers sont évidents et d'autres peuvent vous surprendre.

Le soleil, par exemple, est terrible pour les tout-petits. La peau est à protéger, on le sait, mais la cornée de l'iris aussi ! Très fine, elle est extrêmement sensible aux rayons du soleil.

Je communique avec toi

Parents quadras, vous aimez que les choses aient du sens et comprendre votre bébé est une mission qui demande de la patience et de l'écoute. La vie de votre enfant est intense et épuisante : ses sens sont en alerte maximum, son estomac lui joue des tours, ses émotions sont débordantes.

★ Comprendre tes pleurs

Votre bébé communique essentiellement par les pleurs pour vous signaler ses besoins. Évitons donc de parler de « caprice », un mot d'adulte qui n'a aucun sens dans l'écosystème de bébé !

- **La faim et la soif :** dans le ventre de sa maman, il n'a jamais connu ces inconforts, il semblerait que cela soit assez douloureux pour son organisme.
- **Le besoin de réconfort :** bébé a perdu ses repères, les battements du cœur de sa maman, ses mouvements, son odeur et la résonance de sa voix. Il y a le jour et la nuit, il y a un espace qu'il ne voit pas mais qu'il perçoit. Tout ceci est une source d'inquiétude.

- **La douleur :** pour l'essentiel, il s'agit des coliques. Intolérance au lactose, réaction au stress des parents, système digestif immature, un bébé sur cinq en souffre.
- **L'inconfort :** être déshabillé, avoir froid, sentir sa couche mouillée.

Fallait le savoir !

Pendant ses premières semaines, un lien charnel (à l'image du cordon ombilical) lie le nourrisson à sa maman. Il ressent TOUT ce que ressent sa maman.

Un bébé garde en mémoire, toute sa vie et de manière inconsciente, votre capacité à le rassurer aux premiers instants de sa vie. C'est fondamental pour développer son aptitude à affronter le monde.

La colère, la frustration, le plaisir et l'envie d'attirer l'attention sont aussi des motifs de pleurs établis par de nombreux spécialistes comme le docteur Alain Lazartigues, pédopsychiatre et chercheur au CNRS.

Comme pour bien d'autres certitudes, vous serez surpris de constater que vous n'avez pas naturellement le mode d'emploi. Il faudra apprendre, écouter, vous laisser guider pour trouver le bon tempo.

Nos astuces pour calmer bébé :

- **Ne changez pas ses repères** : bébé s'adapte à ce nouveau monde, aux sons qu'il entend, aux odeurs qu'il perçoit. N'oubliez pas ceci : tout ce que bébé intègre constitue son référentiel. C'est sa base de données pour comprendre le monde. Si vous changez ce cadre trop souvent, vous risquez de le déstabiliser.
- **Donnez-lui de l'amour** : il a été prouvé, par d'affreuses expériences au siècle dernier, qu'un bébé sans contact physique ni oral a peu de chances de survivre. Si les berceuses existent dans tous les pays du monde, c'est pour une bonne raison.
- **Faites-le téter pour le plaisir** : le plaisir et donc le réconfort du bébé passent essentiellement par la bouche. La succion est une immense source de bien-être. Préservez votre sein si bébé

demande souvent la tétée, soit avec des embouts spécialisés soit avec la tétine.

LA TÉTINE : POUR OU CONTRE ?

Armand Chouchana, pédiatre à l'Hôpital américain, nous donne son avis de spécialiste :

« Près de 70 % des enfants utilisent une tétine régulièrement, cela facilite l'acquisition des rythmes de sommeil et de l'auto-apaisement. Elle répond les premiers mois à un besoin de succion naturel. Ensuite, la tétine devient plutôt un doudou rassurant et interchangeable. Il est préférable d'essayer de la retirer autour de quatre mois au profit d'un doudou en peluche car nous constatons qu'elle crée une déformation entre les maxillaires dès les toutes premières années ! L'autre risque est de répondre à toute frustration du bébé par la tétine, sans chercher à comprendre la cause de la sensation désagréable de celui-ci. »

★ T'éveiller

Votre enfant dort beaucoup, alors les heures d'éveil sont précieuses. Lorsque bébé est dans vos bras, la distance qui sépare vos deux visages est exactement celle qui lui permet de voir nettement. Il a été prouvé scientifiquement que le visage humain est le terrain d'observation préféré du nourrisson : le mouvement de votre bouche, le plissement de vos paupières, votre regard qui exprime parfaitement vos émotions. Bébé vous regarde droit dans les yeux ! Il verra tout à fait normalement à la fin de sa première année de vie.

Communiquer avec le sourire

Sourire à son enfant est la première étape pour lui apprendre le langage du corps humain. Bébé perçoit très vite dans votre sourire des émotions profondes comme la complicité, la joie, la bienveillance. Le sourire vient de l'intérieur, il exprime un langage muet.

Fallait le savoir !

Bébé a le regard qui se croise, pas de panique, le strabisme est fréquent les premiers mois. Bébé ne sait pas encore coordonner ses gestes, c'est une maturation neurologique qui arrive plus tard.

« Un sourire sincère touche en nous quelque chose d'essentiel : notre sensibilité innée à la bonté », souligne le dalaï-lama dans *Sagesse ancienne et monde moderne*.

Le massage

Pratiqué depuis des décennies en Afrique ou en Asie, le massage du bébé est un rituel pour le détendre et vivre un beau moment de complicité. Les massages peuvent aussi aider les nourrissons à prendre conscience de leur corps et soulager certains de leurs maux (coliques, poussées dentaires…). Choisissez toujours un moment de calme et expliquez à bébé ce que vous allez lui faire. Les gestes doivent être précis, renseignez-vous bien avant de vous lancer.

Le maternage proximal ou le désir d'être plus authentique

Le maternage intensif (ou « proximal ») fait de plus en plus de bruit en France. Il se traduit par un allaitement long, le portage du bébé au plus près du corps, et parfois le « co-dodo », qui consiste à dormir avec son enfant dans le lit ou à proximité, comme cela est pratiqué au Japon ou en Afrique.

Ses fondements reposent sur la théorie de l'attachement élaborée par John Bowlby, un psychiatre et psychanalyste anglais. Pour lui, l'attachement est un des besoins primaires du jeune enfant, comme manger ou dormir. Ce n'est que lorsque ses besoins de proximité sont satisfaits qu'il peut s'éloigner de la figure qui le sécurise, pour explorer le monde.

Le co-dodo reste la mesure la plus controversée, à cause des risques d'étouffement et de chutes. De plus, certains restent circonspects quant au processus d'éducation sans la mise à l'épreuve de la séparation.

Ta santé est ma priorité

Vous êtes maman, papa mais aussi médecin, infirmière ou marabout au choix ! Votre envie d'apprendre est telle que vous cherchez de longues heures sur internet le bon remède (de grand-mère) qui aidera votre bébé.

★ Je soigne tes petits maux

Vous le savez déjà, il n'est pas nécessaire d'avoir une trousse à pharmacie gigantesque... même si à force de fréquenter la pharmacie du quartier, vous serez à deux doigts de demander une carte fidélité.

Quelques conseils simples peuvent apporter un peu de sérénité.

Les coliques

Quasi systématiques avant 6 mois, les coliques sont très douloureuses. Elles s'expriment chez votre enfant par des cris stridents et un visage tout rouge. Votre enfant se tortille et paraît inconsolable.

Il existe une multitude de techniques pour l'aider : le bercer à califourchon sur votre bras, relever ses jambes sur son ventre, masser doucement son ventre ou lui donner une infusion de fenouil.

L'essentiel est de garder son calme, les bébés sujets aux coliques sont souvent hypersensibles. Il peut même s'agir de douleurs psychosomatiques, exprimant un besoin d'harmonie mère-enfant.

Une peau fragile

La peau de bébé est quatre fois plus fine que celle d'un adulte et dépourvue d'un film lipidique protecteur. Cette vulnérabilité peut provoquer selon les enfants divers problèmes de peau :

Eczéma

Cela concerne un enfant sur cinq. Généralement d'origine héréditaire, cela peut aussi être le résultat d'une alimentation trop acide (sucre rapide, laitage, tomate), ou d'un dessèchement de la peau (air sec, vêtements synthétiques). Ces plaques rouges sont extrêmement dérangeantes.

Érythème fessier

Cette irritation douloureuse dure quatre à cinq jours. Le contact avec les selles ou les poussées dentaires sont les raisons les plus fréquentes. À cela, vous pouvez ajouter de nombreuses autres origines : un traitement à base d'antibiotique, l'application de talc ou de produit de nettoyage trop gras.

Il est conseillé de laisser les « fesses à l'air » autant que possible ou d'appliquer une épaisseur en coton à l'intérieur de la couche habituelle. L'application d'éosine ou d'une pommade à base d'oxyde de zinc et de cuivre peut être salvatrice.

Croûtes de lait

Elles sont disgracieuses mais ne gênent pas bébé. En massant doucement avec de l'huile d'amande douce, vous pouvez les faire disparaître.

Nez bouché

Le nez de bébé est fragile. Incapable de vider son nez seul, vous allez devoir l'aider avec un mouche-bébé, outil essentiel pour libérer ses voies respiratoires. Bébé éternue beaucoup ? C'est justement pour évacuer ces petites mucosités qui l'enquiquinent !

Porte d'entrée pour de nombreuses infections, les cavités nasales doivent être régulièrement nettoyées avec une préparation à l'eau de mer ou du liquide physiologique pour ne pas dégénérer en otite, angine ou bronchiolite.

♥ **On aime :** en cas d'infection, une pulvérisation d'Actisoufre® peut être très efficace. Surélever légèrement la tête de l'enfant dans son lit aide à une bonne respiration.

La fièvre

C'est un mécanisme utile permettant à l'organisme de se défendre contre une attaque virale ou microbienne. Même si la température s'envole jusqu'à 39 degrés, c'est souvent sans gravité. Cependant, la température est à surveiller et ne doit pas durer.

Le docteur Chouchana, pédiatre à l'Hôpital américain, vous donne quelques bons gestes à adopter en cas de fièvre : quand la température dépasse 38,5 degrés, il ne faut pas donner de bain, car il y a un risque de malaise. Découvrir, hydrater, donner du paracétamol au-dessus de 38,5, sont les trois piliers du traitement de la fièvre du nourrisson.

Les dents

Vingt dents vont percer entre 6 mois et 2 ans et demi. Souvent douloureuses, les poussées dentaires se manifestent par l'enfant qui bave, les joues rouges et une légère diarrhée provoquant un érythème fessier.

L'anneau de dentition, la lotion anesthésique ou l'homéopathie sont proposés. Problème : soit l'enfant ne veut pas en prendre, soit c'est inutile. Un remède sûr : la patience, avec le temps, bébé résistera mieux.

FAUT-IL POUR AUTANT GARDER BÉBÉ DANS UN MILIEU ASEPTISÉ ?

Il existe dans la nature des germes dangereux pour la santé des enfants tandis que d'autres jouent un rôle bénéfique. De nombreuses études scientifiques ont montré que ces bactéries aident les cellules immunitaires à se former. La preuve, on ne stérilise plus les biberons !

Ces mêmes études ont démontré que la présence d'un animal pourrait avoir des effets bénéfiques. En effet, les bébés ayant vécu au contact de chiens ou de chats développeraient moins d'affections respiratoires (toux, sifflement, rhinite...) et d'infections de l'oreille.

À éviter, l'utilisation récurrente de produits d'entretien qui laissent des substances toxiques dans votre intérieur. Leur inhalation peut provoquer des allergies, des maux de tête, des irritations...

★ Des professionnels de santé pour votre bébé

Ils sont là pour vous soutenir, vous écouter, vous rassurer. Les professionnels de santé sont de véritables alliés pour passer les étapes essentielles de la vie des jeunes enfants.

Mais il est où mon pédiatre, il est où ?

Choisir un bon pédiatre, ce n'est pas si simple. Souvent débordés, ils risquent de ne pas être disponibles à chacune de vos inquiétudes.

Néanmoins, quelques rendez-vous clés font partie des actes fondamentaux de votre pédiatre :

- 0-6 mois : une visite par mois. Il s'agit de contrôler le tonus musculaire, le développement moteur et sensoriel, la vision, ainsi que l'audition de bébé. Le pédiatre réalise les vaccins.
- 6-9-12 mois : trois visites obligatoires. Il s'agit du contrôle du poids, de la taille, des capacités psychomotrices et sensorielles.
- 16-20-24 mois : des visites de contrôle. Il s'agit de faire un point sur les étapes essentielles du développement de bébé : l'alimentation, la marche et le sommeil.
- Après 2 ans : des visites de contrôle tous les six mois. On s'intéresse encore à de grandes étapes : le langage et la propreté.

La PMI ou le médecin généraliste ?

Pour les petits soucis du quotidien, vous pouvez avoir affaire à votre médecin généraliste ou au centre de protection maternelle et infantile (PMI) de votre quartier, deux solutions de qualité pour votre enfant.

Souvent considérée comme un centre d'accueil « petite enfance » pour les plus démunis, la PMI de quartier est une adresse utile pour tous. Initialement prévue pour faire de la prévention, son approche

Fallait le savoir !

Chez votre médecin généraliste, inutile de sortir votre porte-feuille. En effet, les consultations sont prises en charge intégralement avant 2 ans, la carte Vitale suffit pour vos consultations.

est devenue plus globale. Catherine Houzard, directrice d'un centre de PMI, précise sa mission : « La PMI intervient entre 0 et 6 ans, et même pour les femmes enceintes. Nous avons au sein de la PMI des psychologues, des pédiatres qui ont le temps de parler, d'échanger, de conseiller. Les séjours à la maternité sont passés de huit jours à deux jours en quelques décennies, les parents doivent tout savoir faire très vite et sont souvent affolés aux premiers cris de leur enfant. Les visites sont gratuites. Pour les pesées, il n'est pas nécessaire de prendre un rendez-vous. »

L'ostéopathie des tout-petits

Coliques, torticolis, maux de tête, digestion difficile ou hanches désaxées... Si aucune séance ne vous est prescrite à la maternité, demandez une ordonnance. En effet, que cela soit arrivé dans le ventre de sa maman ou lors de sa venue au monde, bébé a peut-être un déséquilibre métabolique ou physiologique. Dans tous les cas, il en sortira relaxé !

Nos astuces pour éviter les urgences

- Vous êtes inquiets, avant de vous précipiter aux urgences, utilisez votre joker « appel à un ami » (déjà parent).
- Appelez le Samu et demandez à parler au pédiatre de garde. Il vous donnera de précieux conseils.
- 8 h 30, c'est l'heure à laquelle vous pouvez généralement joindre votre pédiatre.
- Le site *www.pediatre-online.fr* est à votre écoute par tchat ou par téléphone le matin très tôt et le soir très tard.

★ La bonne pratique de la vaccination

Que ce soit chez le médecin généraliste, le pédiatre ou au centre de PMI, plusieurs vaccins doivent être administrés à votre enfant.

Avant janvier 2018, trois vaccins étaient obligatoires : la diphtérie, le tétanos et la polio. Passeport pour la vie en collectivité, il est impossible d'y échapper.

Depuis janvier 2018, 8 vaccins supplémentaires sont devenus obligatoires pour lutter contre la coqueluche, l'*Haemophilus influenzae b*, l'hépatite B, le méningocoque C, le pneumocoque, la rougeole, les oreillons et la rubéole.

Ces nouvelles mesures sont prises pour protéger votre enfant mais aussi son entourage, on parle « d'immunité collective »

Cependant, un climat de défiance accompagne cette réforme. Véritable risque sanitaire ? Pression des lobbys pharmaceutiques ? Vous êtes sceptique et vous vous posez de nombreuses questions.

VACCINS : DEVONS-NOUS ÊTRE MÉFIANTS ?

Pourquoi cet engouement pour la vaccination ? Ces dix dernières années, la rougeole revient par vagues, et totalise dix victimes. La méningite augmente aussi chez les petits enfants. Le taux de couverture des vaccins ne serait pas suffisant.

Existe-t-il vraiment des effets secondaires ? À ce jour, il n'est pas prouvé que la vaccination soit à l'origine de certaines maladies comme la sclérose en plaques, le cancer, la leucémie ou même la mort subite du nourrisson. Les causes de ces maladies restent inconnues. Cependant, il a été reconnu qu'un vaccin peut entraîner de graves complications. Le corps médical affirme d'une voix que ces dommages sont exceptionnels et seraient plus importants si les maladies visées se propageaient.

Est-ce qu'il y a des produits toxiques dans les vaccins comme le mercure ou le sel d'aluminium ? Oui. Le mercure est ajouté comme agent conservateur. Et le sel d'aluminium permet aux vaccins d'être plus efficaces. Les doses sont faibles, 3 fois moins que ce que nous ingérons chaque jour en buvant l'eau du robinet ou en utilisant des emballages en aluminium par exemple. Cependant, notons que le Haut Conseil de sécurité encourage « la poursuite des recherches visant à évaluer la sécurité des adjuvants disponibles et en développement »

Pourquoi continuer à se vacciner alors que l'hygiène, l'assainissement de l'eau a radicalement changé en un siècle ? Nombre de maladies peuvent se propager indépendamment de l'état de propreté.

Est-ce dangereux d'injecter plusieurs vaccins à la fois ? Les données scientifiques montrent que le fait d'administrer simultanément plusieurs vaccins n'a pas d'impact négatif sur le système immunitaire d'un enfant. Un rhume banal ou un simple mal de gorge expose les enfants à bien plus d'antigènes que les vaccins.

Le vaccin rougeole/oreillons/rubéole a été mis en cause à propos de l'autisme. L'étude de 1998, qui a suscité des inquiétudes sur la possibilité d'un lien entre le vaccin ROR et l'autisme, s'est révélée erronée et frauduleuse.

Chapitre 9

Je l'ai fait !

Il y a quelques semaines, il n'y en avait que pour vous. Vous étiez au centre de toutes les attentions et de toutes les conversations... Mais votre bambin vous a volé la vedette en un rien de temps en plus d'accaparer vos jours et... vos nuits ! Vous n'en êtes pas moins une héroïne des temps modernes, qui navigue courageusement dans les eaux troubles de la maternité... tout en franchissant les 40e rugissants !

Suis-je une bonne maman ?

C'est LA question que nous nous posons toutes à peine bébé a-t-il atterri dans nos bras ! Elle a d'autant plus de résonance quand nous enfantons tardivement, tant cet enfant a fait l'objet d'un projet longuement mûri...

Pour combattre les doutes et la culpabilité qui vous taraudent, rappelez-vous ce vieil adage : « À maman heureuse, bébé heureux ! »

★ L'instinct maternel n'existe pas !

À tous ceux qui vous rebattent les oreilles avec ce processus complexe, rappelez-leur « qu'on ne naît pas mère, mais qu'on le devient... Ce n'est pas parce qu'on a porté bébé pendant neuf mois qu'on sait spontanément comment il fonctionne ! En revanche, nous avons en nous cette sensibilité et cet amour maternel pour nous guider sur les chemins sinueux de la maternité », comme l'explique Deborah Schouhmann-Antonio, thérapeute et coach en périnatalité.

★ Culpabilité, quand tu nous tiens !

Ce bébé, vous l'avez souvent fortement désiré, parfois longuement attendu. Ce sera peut-être votre seul et unique enfant et il n'est pas question de « rater » quoi que ce soit dans son éducation... Soit ! Mais gare au mythe de la « mère parfaite » : la super-maman que vous rêviez de devenir... n'existe pas (même sur Instagram) ! « Se mettre la pression pour atteindre la perfection est anxiogène et nocif pour la maman comme pour le bébé, qui capte tous nos états émotionnels. Accepter ses limites permet d'appréhender le quotidien avec plus de recul et de légèreté. On devient alors une maman avec ses doutes, ses talents et ses défauts, ce qui ne fait pas de nous une mauvaise mère, mais une mère suffisamment bonne ! », rappelle Deborah Schouhmann-Antonio.

★ Notre astuce : lâcher prise

La perfection n'est pas de ce monde, dit l'adage, bien au contraire. Montrez à votre enfant que vous n'avez pas de super-pouvoirs... Comme lui, vous avez des émotions.

LES BIENFAITS DE LA SOPHROLOGIE EN POSTNATAL

Sandrine Cordani, sophrologue et hypnothérapeute, précise :

« Cette technique psychocorporelle induit un état de conscience propice à la détente et à l'apprentissage de nouveaux comportements.

Une séance dure entre 45 minutes et 1 heure.

Elle commence toujours par un **temps d'échange** entre vous et le sophrologue pour décider du problème à traiter et vous fixer un objectif à atteindre.

Elle se poursuit avec la pratique d'exercices de respiration contrôlée : **la relaxation dynamique**, qui permet un relâchement musculaire et mental profond.

Dans cet état de relaxation, le niveau de vigilance de la conscience est modifié, l'accès au subconscient est alors possible. Guidée avec douceur par la voix du sophrologue, vous êtes incitée à la visualisation d'images positives.

Progressivement, de nouvelles perceptions et sensations se mettent en place, vous appréhendez les choses différemment. La séance se clôt par un dernier moment d'échange : vous êtes invitée à exprimer vos ressentis et le sophrologue vous conseille pour reproduire à domicile certains exercices.

L'accompagnement sophrologique permet également de trouver un nouvel équilibre tout en douceur pour que chacun – le père, la mère et l'enfant – puisse investir la place qui lui revient.

Une dizaine de séances sont généralement nécessaires pour induire des changements qui auront un impact sur votre quotidien. Le coût moyen d'une séance varie de 60 euros à 70 euros.

Pour trouver un sophrologue fiable et certifié près de chez vous, deux sites de référence : www.federation-sophrologie.org et www.sophrologie-formation.fr. »

Tirez profit de votre maturité !

C'est simple, à 40 ans vous avez tout lu, tout vu, tout entendu, presque malgré vous !

Mais quand il s'agit de mettre en pratique votre érudition, c'est plus compliqué... La maternité ça ne se passe pas toujours comme dans les livres, comme nous le rappelle Deborah Schouhmann-Antonio, thérapeute et coach en périnatalité : « À force de tout intellectualiser, on en oublie son intuition et son bon sens, alors que c'est précisément ce dont on a besoin pour accueillir un enfant ! »

Témoignage

« J'ai pris les choses avec recul. »

« J'ai accouché par césarienne à 46 ans, suite à une FIV. Contrairement à ce qu'on me disait, je me suis remise très vite de mon accouchement. Le lien avec mon fils s'est créé immédiatement, de façon très fluide. Étais-je faite pour être maman ? Une amie psychologue m'a dit qu'on avait l'impression que j'en étais à mon cinquième enfant. Mon tempérament profond a certainement joué, mais je suis persuadée que ma maturité a eu un impact fondamental sur ma façon d'accueillir bébé. Tout comme pour la grossesse, j'étais prête mentalement à TOUT vivre : le meilleur et le pire ! À chaque fois que je me heurtais à un obstacle, je faisais appel à mon bon sens et je me disais : "Ce n'est pas dramatique, c'est juste normal, tu as un bébé, ce qui t'arrive fait partie de l'expérience !" »

Monica A., 46 ans, maman d'un petit garçon de 15 mois

Si certaines mamans quadra reconnaissent ne réaliser que tardivement et brutalement tout ce à quoi il faut renoncer, d'autres tirent profit de leur maturité et se sentent disposée à faire les sacrifices nécessaires, après des années de *childfree* bien remplies...

Témoignage

« Je suis devenue maman à 41 ans à l'issue d'une grossesse spontanée et sans problème majeurs. Je me suis sentie chanceuse et pleine de gratitude envers la vie. En dehors d'un passage à vide dû à la chute des hormones et à des suites de couches douloureuses, j'ai bien vécu l'arrivée de mon fils et les "sacrifices" qui allaient avec. Je pense que j'étais tout simplement prête à devenir maman. Au cours des années précédentes, sans enfant, j'ai profité pleinement, grâce à une vie sociale riche et dense et de nombreux voyages. Bien sûr, après la naissance, je ne suis pas restée cloîtrée chez moi, j'ai continué à sortir et à voir mes amis, mais mon rythme s'est considérablement ralenti. À ma grande surprise, je n'ai pas eu de problème à me décentrer, contrairement à des amies plus jeunes qui se sont senties frustrées par les renoncements qu'implique le statut de maman. »

« Je n'ai eu aucun mal à dire ciao à ma vie d'avant ! »

Chiara L., 43 ans, maman d'un petit garçon de 2 ans

Maman avant l'heure

Accoucher prématurément est un choc terrifiant, qui impose de réagir vite et qui peut avoir toutes sortes de conséquences sur votre vie et celle de votre bébé, un peu comme un accident de voiture...

Il est compréhensible que vous en ressortiez sonnée, désorientée, honteuse et pleine de culpabilité. À ces sentiments compliqués s'ajoute parfois la frustration de ne pas pouvoir toucher bébé, perdu au milieu des sondes et des tuyaux.

Nos astuces :

- **Apprenez à vous pardonner.** Là encore, les médecines douces vous seront d'un grand secours ! « Grâce à des techniques particulières, l'hypnose peut atténuer *a posteriori* la perception de la douleur induite par un accouchement beaucoup trop précoce. On peut travailler sur la suppression d'un mauvais souvenir, neutraliser le négatif et amplifier le positif au niveau émotionnel, vous aider à faire le deuil de l'enfant idéal, de l'accouchement idéal, à vous pardonner et à déculpabiliser de ne pas avoir mené cette grossesse à terme », explique Sandrine Cordani, sophrologue et hypno-thérapeute, spécialiste de la périnatalité.
- **Échangez avec d'autres parents de prématurés.** Parce qu'ils ont vécu les mêmes complications et partagent des sentiments communs, ils peuvent vous comprendre. L'association SOS Préma (*www.sosprema.com*) vous sera d'un grand secours : elle propose un forum et organise des cafés-rencontres entre parents de prématurés.
- **Engagez-vous autant que possible auprès de votre nouveau-né :** laissez un petit enregistrement de votre voix, un tee-shirt avec votre odeur, participez aux soins de développement sensoriel. En vous investissant, vous aurez la sensation de jouer votre rôle de parent malgré ces circonstances si particulières.

★ Mère courage ou maman solo

Ce bébé, vous l'avez fait toute seule... Choix assumé ou accident de parcours, vous êtes souvent assaillie par un fort sentiment de culpabilité et vous avez tendance à jouer les Mères Courage !

Témoignage

« J'ai vécu mes neuf mois de grossesse en solo. Le jour J, j'ai naturellement fait le choix d'accoucher toute seule. Tout s'est déroulé sans grandes complications et j'ai rapidement créé du lien avec mon bébé. De retour à la maison, j'ai continué sur ma lancée, persuadée que je devais assumer mon statut de maman solo sans demander d'aide à personne. Mais le quotidien s'est révélé beaucoup plus compliqué que prévu ! J'allaitais difficilement, ce qui me rendait anxieuse, j'étais en permanence sous l'eau car tout gérer seule relevait tout simplement de l'exploit ! J'ai vécu un enfer et j'ai beaucoup culpabilisé au cours de ces trois mois, regrettant presque mon choix. J'ai cru que je n'y arriverais jamais... J'ai malgré tout tenu bon en assurant au quotidien dans mon rôle de maman !

« Si c'était à refaire, je demanderais de l'aide. »

Avec le recul, je me dis que ces quelques mois étaient sans doute un passage obligé dans mon histoire personnelle. Mais si c'était à refaire, je demanderais de l'aide et du relais à ma famille et à mes amis, laissant mon orgueil de côté. »

Rachel L., 43 ans, maman solo
d'un petit garçon de 4 ans

Suites de couche et baby-blues : le duo de choc !

« Tu verras, après c'est que du bonheur ! » C'est ce que vous disaient vos copines pour vous rassurer, alors que vous vomissiez tripes et boyaux entre deux insomnies ! L'allaitement, la rencontre avec bébé, les câlins, les siestes... vous en avez entendu causer plus que nécessaire ! Mais aurait-on omis de vous conter les joies du baby-blues et des suites de couches ? Bienvenue dans un monde tabou et nébuleux !

★ Les inévitables suites de couche

Ce n'est pas parce que votre petit locataire a enfin quitté les lieux que les bouleversements corporels s'arrêtent comme par miracle... La bonne nouvelle, c'est que votre âge a peu d'incidence sur les désagréments post-accouchement : nous sommes toutes logées à la même enseigne !

Alors que vous vous remettez tout juste de vos exploits, vous n'avez pas fini de déguster ! Entrée, plat, dessert, fromage, café et mignardises... Le menu des suites de couche est très complet et il y en a pour tous les goûts !

★ Les suites de couches « primaires »

Les tranchées

Non, vous n'êtes pas en guerre... juste soumise aux dernières contractions utérines, qui se chargent de faire regagner une taille normale à votre utérus ! Elles s'apparentent à des douleurs de règles et sont particulièrement vivaces chez les multipares, dont les fibres musculaires se distendent au fil des grossesses, et chez les mamans allaitantes, soumises à l'ocytocine, déclencheur de contractions tous azimuts.

Les lochies

Rouge vif et abondantes, les lochies vous rappellent ce à quoi vous avez échappé pendant neuf mois : vos règles ! Mais elles ne signent pas pour autant le retour des Anglais. Constituées de caillots de sang et de débris de membrane placentaire (miam), ce sont les derniers résidus de votre grossesse qui s'expulsent progressivement. Très abondantes les trois ou quatre jours suivant votre accouchement, elles baissent en intensité puis reprennent du poil de la bête le douzième jour, pour totalement disparaître au bout de trois à six semaines.

★ Les suites de couches « secondaires »

Les fuites urinaires

Particulièrement taboues, les fuites urinaires sont pourtant monnaie courante en période post-natale ! « L'âge a peu d'incidence sur ce phénomène. En revanche, deux éléments favorisent plus ou moins les fuites urinaires : la façon dont vous avez entretenu votre périnée jusqu'ici et votre poids », explique Aurélie Goudeseune, sage-femme libérale.

La pesanteur dans le bas-ventre

Last but not least, cette délicieuse sensation que... tout va tomber ! Votre vagin s'apparente à un trou béant et vous sentez comme une pesanteur dans le bas-ventre ? Pas de panique ! C'est tout simplement dû au poids de l'utérus et au relâchement du périnée. Cette sensation de flottement n'est pas censée durer et les organes se repositionnent généralement au bout de quelques semaines.

Les suites de couches « post-opératoires »

L'épisiotomie

L'épisiotomie est une incision que l'on peut refuser ou éviter en se massant le périnée de longs mois avant l'accouchement, avec une huile spéciale pour assouplir les tissus. Mais les accouchements trop longs ou les bébés trop gros peuvent impliquer l'incision de l'orifice du périnée.

Soyons honnête, on ne sent rien sur le moment. Mais la cicatrisation est parfois longue et douloureuse. Il faut, en moyenne dix à douze jours pour que les points se résorbent et trois ou quatre semaines pour une cicatrisation complète de la plaie. Dans l'intervalle, vous pouvez ressentir des tiraillements au niveau des points de suture, s'asseoir et uriner peut devenir compliqué.

Recommandations

Rincez la cicatrice à l'eau froide après chaque passage aux toilettes.

Portez des sous-vêtements en coton.

Massez-vous avec une huile spécial périnée quand la plaie est refermée.

Faites un bain de siège dans une eau tiède infusée de quelques gouttes d'huile de calendula ou de lavande pour apaiser. L'huile de cyprès agit aussi comme antiseptique, diminue le risque d'infection et soulage les hémorroïdes.

Empruntez la bouée de votre nièce pour vous asseoir (à utiliser avec modération).

L'après-césarienne

La césarienne est une véritable intervention chirurgicale. Sous anesthésie, la peau, les muscles, la paroi abdominale et l'utérus sont incisés sur 9 à 10 cm pour sortir le bébé puis le placenta. La plaie est ensuite suturée par du fil ou des agrafes, elle reste à vif pendant huit à dix jours.

Pour être rapidement en forme après une césarienne, la vigilance est de mise ! En tant que quadra, vous n'avez pas plus de risques de complications que les autres. Voici quelques recommandations du professeur Laurent Salomon, au service « Obstétrique, médecine et chirurgie fœtales » à la maternité de l'hôpital Necker.

Nos conseils :

- **Mobilisez-vous et marchez** si vous le pouvez dès les premières heures suivant l'opération pour limiter les risques de thromboses et de constipation. Les bas de contention et les anticoagulants favoriseront la circulation.
- **Prenez les antalgiques prescrits** avant que la souffrance ne s'installe, cela facilitera la reprise d'activité.

Fallait le savoir !

Votre cicatrice devient rouge et douloureuse, et vous avez de la fièvre ? Parlez-en tout de suite à votre sage-femme, il s'agit probablement d'un abcès ! On vous placera un drain de façon évacuer le pus. Un traitement antiseptique suffit généralement à remettre la cicatrice d'aplomb.

Vous n'échapperez pas à la rééducation du périnée, car les lésions périnéales sont autant les conséquences de la grossesse que celles de l'accouchement par voie basse.

L'accompagnement psychologique est important, en particulier en cas de césarienne d'urgence non programmée. Il permet de limiter les troubles de l'attachement mère-enfant et les dépressions post-partum.

Vous trouverez de nombreuses infos sur la césarienne sur le site www.cesarine.org.

- Quant à votre cicatrice, qui sera régulièrement surveillée jusqu'à cicatrisation complète et chute des fils ou agrafes, **prenez en soin** et vous cicatriserez aussi rapidement qu'une jeune femme de 30 ans.
- De retour à la maison, **limitez le port de charges** trop lourdes qui pourraient ralentir la cicatrisation. Pensez par exemple à porter votre bébé en écharpe car plus la charge est haute, moins elle est lourde.
- **Conservez la cicatrice propre**, sèche et à l'air libre. Une fois la plaie complètement cicatrisée, massez-vous avec de l'huile d'amande douce ou une crème adaptée.

★ Du baby-blues...

Rares sont les femmes qui échappent au baby-blues puisqu'il touche au minimum 60 % à 70 % des mamans, tout âge confondu.

À l'origine de ce passage à vide : la chute brutale des hormones, l'inconfort physique des suites de couches et les bouleversements psychologiques induits par votre nouveau statut de maman. Ce contrecoup émotionnel survient généralement tout de suite après l'accouchement (« syndrome du 3e jour ») et ne dure pas plus de dix jours.

Si le baby-blues semble bénin et quasi systématique, il nécessite malgré tout soutien et écoute ! Mal identifié ou faiblement accompagné, il peut évoluer vers une dépression post-partum : un état dépressif profond qui s'installe dans le temps.

★ ... à la dépression post-partum

On évoque alors le syndrome de la « difficulté maternelle », révélateur de l'écart entre la maternité vécue et la conception que l'on en a.

10 % à 15 % des mamans sont concernées en théorie, mais le sujet est tellement tabou que ce chiffre s'élèverait en réalité à plus de 20 %.

La dépression post-partum, qualifiée de « dépression souriante », est particulièrement difficile à détecter pour la maman comme pour son entourage. Soyez vigilante et gardez en tête les circonstances susceptibles de favoriser un tel état :

- Vous avez un parcours personnel compliqué (inceste, violence, traumatismes en tout genre...).
- Vous avez vécu des événements déstabilisants pendant la grossesse (départ du conjoint, deuil familial...).
- L'accouchement s'est déroulé de façon très anxiogène (césarienne d'urgence, arrivée très prématurée...).
- Vous avez des suites de couches douloureuses et handicapantes (épisiotomie...).
- Vous avez mené un long combat pour devenir maman et le résultat n'est pas à la hauteur de vos espérances ! « Quand bébé est attendu depuis longtemps, on a tendance à l'idéaliser. Ce sera le bébé parfait, qui fera de moi la mère parfaite ! La confrontation est donc parfois plus brutale car le fossé est grand entre l'enfant fantasmé et l'enfant réel », explique Cécile Croquin, coordinatrice chez Maman Blues.

Témoignage

« Je suis devenue maman à 39 ans, suite à un très un long parcours de PMA, que nous avons plutôt bien vécu avec mon compagnon. Ma grossesse s'est déroulée normalement mais mon accouchement a été très éprouvant. Le deuxième jour, je me suis effondrée en larmes. J'ai tout de suite pensé au baby-blues.

De retour à la maison, je me sentais plutôt bien, d'autant que mon mari avait pris son congé paternité. Les choses ont commencé à se dégrader quand il est reparti travailler. Seule, épuisée, j'ai commencé à sombrer sans comprendre ce qui se passait. J'avais du mal à m'habiller et à me nourrir (j'ai perdu 15 kg en très peu de temps), mais je m'occupais parfaitement de mon fils. J'ai tout mis sur le compte de la fatigue et des carences nutritionnelles, je me disais que je devais manquer de fer…

« Je n'ai pas senti venir la dépression. »

Jusqu'au jour, où, pendant la nuit, je n'ai pas réussi à me lever pour aller donner le biberon à mon fils, mes jambes étaient littéralement coupées. Mon mari a compris qu'il se passait quelque chose de grave, il a appelé le Samu, convaincu que j'étais victime de surmenage. Arrivée à l'hôpital, on m'a dit que je faisais une dépression !

Je suis tombée des nues : comment pouvait-on faire une dépression en étant tout juste maman ? On m'a alors proposé de séjourner en maternité avec mon fils pour que je sois suivie psychologiquement et que je puisse me reposer. J'y ai passé quinze jours. De retour à la maison, j'allais beaucoup mieux. Aujourd'hui, j'ai un rapport fusionnel avec mon fils mais je suis toujours sous anti-dépresseur. Je me sens encore fragile, même si les choses se sont beaucoup mieux passées pour mon deuxième enfant. »

Céline C., 44 ans, maman de deux enfants
âgés de 5 ans et 9 mois

Quelles solutions pour s'en sortir ?

- **Parlez-en à un spécialiste :** sage-femme, doula (plus d'infos sur *www.doulas.info*), médecin généraliste ou PMI de votre quartier.
- **Fréquentez des lieux dédiés à la parentalité,** tels que la Maison Verte, créée par Françoise Dolto à Paris (*www.lamaisonverte.asso.fr*)

ou les groupes de paroles issus du réseau « Écoles des parents et des éducateurs » (*www.ecoledesparents.org*).

- **Renseignez-vous sur les unités Mère-enfant :** pour trouver celle qui est la plus proche de chez vous, consultez le site Maman Blues : *www.maman-blues.fr/que-faire/les-unites-mere-enfant.*

Quelle que soit la façon dont vous accueillez bébé et les difficultés que vous rencontrez, gardez en tête que RIEN N'EST JOUÉ, comme nous l'explique Deborah Schouhmann-Antonio, thérapeute et coach en périnatalité : « Ce n'est pas parce que les débuts sont difficiles avec votre nouveau-né, que votre relation ne sera pas belle par la suite ! Le lien peut mettre du temps à se tisser, mais il n'en sera pas moins fort. »

Prendre soin de soi

Vous êtes maman, soit ! Mais pas esclave, ni surhumaine… Prendre soin de vous est un droit, voire un devoir au cours de cette sacro-sainte période post-natale.

★ Pitié, je veux dormir !

Frissons, tremblements, cernes… Auriez-vous attrapé une grippe saisonnière ? Non, non, ma bonne dame, vous manquez juste cruellement de sommeil ! Et le poids des années ne facilite pas la récupération, soyons honnêtes… Gérer la fatigue est l'un de vos plus grands défis en tant que maman tardive !

Voici nos astuces.

Investissez Super-Chéri dans son rôle de père nourricier !

Souvenez-vous, vous fûtes deux pour concevoir cet enfant et, sauf accident de parcours, vous êtes toujours deux pour l'élever ! Vous pouvez donc alterner les quarts de veille. Levez-vous la nuit à tour de rôle et distribuez les biberons en fonction de vos biorythmes respectifs.

Témoignage

« Je suis plutôt du matin, donner le biberon de 5 heures était donc relativement aisé… En revanche, je m'écroulais vers 22 heures. Du coup, le papa se chargeait du bib de minuit. »

Anne-Lise P., primipare à 41 ans

Découvrez la technique de la micro-sieste

« Dormez quand bébé dort ! » Oh comme elle est pénible cette petite phrase qu'on nous sert à toutes les sauces ! Comme si on pouvait s'endormir sur commande à 10 h 18 ou à 16 h 32… Sachez cependant qu'il existe des techniques éprouvées pour s'octroyer de courtes pauses de sommeil ultra-réparatrices ! Si vous avez d'autres enfants et que votre temps de repos est très limité, usez et abusez de ce procédé.

MICRO-SIESTE (OU *POWER NAP*) MODE D'EMPLOI

Connue pour améliorer la concentration, la mémoire, la productivité et la gestion du stress, la micro-sieste connaît un succès croissant et se pratique même de plus en plus en entreprise.

Elle dure au maximum 10 minutes, laps de temps qui correspond aux premières phases du sommeil : on se détend sans plonger dans un sommeil profond, ce qui rend le réveil plus facile.

Cela demande un peu d'entraînement au début mais on prend vite le rythme.

Programmez votre réveil à 10 ou 15 minutes plus tard maximum.

Placez-vous dans des conditions idéales d'endormissement : allongée sur le dos, bras et jambes légèrement écartés, dans la pénombre et un environnement calme...

Concentrez-vous sur votre respiration, abaissez votre rythme cardiaque laissez vos muscles se décontracter. Le sommeil devrait vous cueillir rapidement.

Au réveil, vous êtes à la fois en forme et détendue. Vous n'avez pas cette sensation un peu lourde et pâteuse que procure une sieste de deux heures, c'est comme si vous recommenciez une deuxième journée !

Faites appel à une régleuse d'enfant

Parfois la fatigue est telle que vous êtes dans l'incapacité de gérer les réveils nocturnes... Si vous en avez les moyens, vous pouvez vous offrir les services d'une régleuse d'enfant, une nurse de nuit qui investit pendant quelques semaines la chambre de votre bambin pour le nourrir et « régler » progressivement son sommeil.

Autant vous le dire tout de suite, c'est une pratique assez controversée, dont peu de mamans se vantent. Assumer qu'une inconnue s'occupe de votre enfant à peine sortie de la maternité n'est pas évident.

Les côtés + : vous récupérez rapidement, vous êtes en forme et plus disponible en journée pour materner. Vous apprenez aussi aux côtés de la régleuse et vous prenez confiance en vous.

Les côtés – : certains pédiatres soulignent que cette coupure prolongée entre les parents et le bébé n'est pas idéale pour tisser du lien et recommandent que l'enfant soit, dans la mesure du possible, confié à des proches de la famille plutôt qu'à une parfaite inconnue.

Les tarifs : comptez en moyenne 130 euros par nuit (pour 10 heures de garde).

Fallait le savoir ! Il semblerait que la prolactine, générée lors de l'allaitement, ait un effet soporifique et réparateur sur votre sommeil.

Comment la trouver ? Il n'existe pas d'école ou de diplôme pour ce métier. Pour trouver la perle rare, expérimentée et qui vous inspire confiance, rien ne vaut le bouche-à-oreille : demandez aux puéricultrices lors de votre séjour à la maternité, échangez au sein de groupes Facebook tels que Baby Sittor, interrogez vos copines déjà mamans…

★ Une alimentation au top

Sans surprise, pour remédier à la fatigue et au manque de sommeil, rien ne vaut une alimentation équilibrée !

Je retrouve mon tonus

Votre petit locataire a largement puisé dans vos réserves pendant neuf mois. En tant que « jeune maman sur le tard », vous devez recharger vos batteries nutritionnelles !

Quoi ?	Où ?	Pour quoi ?
Des glucides complexes	Le pain, les céréales, le riz, les pâtes, à choisir de préférence complets !	Retrouver une énergie durable et éviter les coups de fatigue.
Des protéines	Les légumineuses (pois chiches, lentilles), le poisson, la viande, les œufs et les produits laitiers (de préférence de chèvre ou brebis)…	Se refaire du muscle, réparer ses tissus.
Des acides gras essentiels	Les huiles végétales, les poissons gras, les noix.	Booster son moral et réparer les tissus lésés.
Des vitamines	• A : carottes, jaune d'œuf • B : viandes, céréales complètes • C : fruits et légumes • D : poisson et fruits de mer • E : huiles végétales, noix	Favoriser le métabolisme, retrouver du tonus, cicatriser plus rapidement.
Du calcium	Les produits laitiers (chèvre ou brebis), les eaux minérales, les légumes verts (brocolis, choux, persil).	Retrouver des os et des dents solides… et plus de calme.
Du fer	La viande rouge (de très bonne qualité et en petite quantité), mais aussi les algues, le thé noir, le germe de blé, les lentilles, le quinoa…	Compenser les pertes de sang, lutter contre la fatigue.
Du zinc	Le foie, les fruits de mer.	Être plus résistante à l'effort.
Des fibres	Tous les fruits, les légumes verts, les céréales complètes.	Faciliter le transit.
De l'eau	L'eau bien sûr, mais également les tisanes, le thé vert et les jus de fruits frais.	Se réhydrater, éliminer les déchets, stimuler le métabolisme.

Les compléments alimentaires

Si malgré cette alimentation au top vous vous sentez encore très affaiblie, vous pouvez avoir recours aux compléments alimentaires à base de ginseng, fer ou magnésium. Le mieux est de vous informer auprès de votre médecin ou de votre sage-femme et d'éviter l'automédication.

Fallait le savoir !

Aux États-Unis, pour retrouver du tonus, certaines femmes consomment leur placenta. L'actrice January Jones aurait déclaré : « C'est une pratique civilisée qui peut aider les femmes face à la dépression ou la fatigue. Jamais je ne me suis sentie épuisée, triste ou démoralisée après la naissance de mon bébé, donc je le recommande fortement à n'importe quelle femme enceinte... » Sachez quand même que cette pratique est interdite en France !

En cas d'allaitement

Votre corps est une machine incroyable et parfaite ! Quelle que soit votre alimentation, il privilégie la fabrication d'un lait de bonne qualité, quitte à puiser dans vos réserves. Mais ce n'est pas une raison pour manger n'importe quoi car vous feriez vite les frais de carences en tout genre...

Contrairement aux idées reçues, vous n'avez pas besoin de manger plus si vous allaitez !

Aucun aliment n'est vraiment contre-indiqué, sauf l'alcool évidemment, surtout si vous êtes en allaitement exclusif.

INFO OU INTOX ?

L'allaitement favoriserait la perte de poids, mais toutes les mamans allaitantes n'en font pas l'expérience... Il semblerait cependant que la fabrication du lait demande beaucoup d'énergie et consomme donc des calories.

Je booste mon métabolisme

Autour de 40 ans, les calories ingérées se transforment plus difficilement en énergie, suite au ralentissement de votre métabolisme. Comment le booster ? En suivant les conseils de Claire Andreewitch, naturopathe et coach « bien-être » :

- Dormez ou reposez-vous suffisamment : un manque de sommeil stimule la sécrétion de l'hormone du stress, le cortisol, qui favorise le stockage de lipides dans le corps.
- En cas de fringale, optez pour des snacks sains et équilibrés et évitez les aliments industriels.
- Faites du sport et activez vos muscles parce qu'ils brûlent des calories, même au repos.

★ Une remise en forme adaptée

Un p'tit tour chez l'ostéopathe

C'est sans doute le premier geste bien-être que vous pouvez vous offrir en tant que maman tardive ! Avant même d'entamer une rééducation périnéale ou un renforcement abdominal, il est conseillé de rééquilibrer votre corps. Et c'est précisément ce que propose l'ostéopathie. Elle permet de retrouver une bonne mobilité du bassin, des lombaires, des hanches et du coccyx, ainsi que du système viscéral.

Bon à savoir

Au-delà de ce rééquilibrage global, l'ostéopathie peut soigner les hémorroïdes, les troubles du sommeil, du transit intestinal et du système urinaire et favoriser la cicatrisation et l'allaitement. Elle réduirait les maux de dos de 30 %, les maux de ventre de 17 % et les douleurs intimes de 10 % environ. Deux sites pour trouver un ostéopathe près de chez vous : www.osteopathie.org et www.osteopathe-syndicat.fr.

Périnée, mon amour !

Avant de chausser à nouveau vos baskets, il vous faut également rééduquer cet organe précieux, malmené pendant la grossesse et l'accouchement. Ne sautez pas cette étape car elle est cruciale pour les… trente prochaines années, disons.

Le scoop qui fait du bien : la tonicité de votre périnée n'a rien à voir avec l'âge ! « Si on a pris soin de son périnée avant la grossesse, on le retrouve facilement après avec un peu de travail. En revanche, s'il était déjà abîmé, il vous faudra choisir avec soin une rééducation adaptée. Mais, dans tous les cas, il est possible de se réapproprier cette zone cruciale pour éviter les mauvaises surprises autour de la ménopause », explique Aurélie Goudeseune, sage-femme libérale.

Qu'est-ce que le périnée ?

C'est un ensemble de muscles, de ligaments et de membranes qui soutient le vagin, la vessie et le rectum. On parle également de plancher pelvien.

Quelle rééducation choisir ?

Prescrite par votre sage-femme ou votre gynéco à l'issue de votre bilan gynécologique post-accouchement, la rééducation du périnée se fait généralement six à huit semaines après l'accouchement. Vous bénéficiez de dix séances entièrement prises en charge par la Sécurité sociale.

Vous pouvez opter pour la technique traditionnelle, chez un kiné, à base d'une sonde, dotée d'électrodes, placée dans le vagin. Mais elle est souvent considérée comme incomplète car passive : vous n'apprenez pas à faire travailler votre périnée.

La technique manuelle CMP (« connaissance et maîtrise du périnée »), qui consiste en un toucher vaginal, vous permet au contraire de comprendre comment fonctionnent tous les muscles du périnée et comment les entraîner. Vous travaillez tous les faisceaux musculaires grâce à des exercices basés sur des « images mentales », à poursuivre à la maison entre deux séances. Cela demande un peu d'investissement personnel mais les résultats sont là !

Pour protéger au mieux son périnée, il est également essentiel d'en prendre conscience et de réaliser la pression qu'on exerce sur lui au quotidien.

LA RÉÉDUCATION DU PÉRINÉE *VIA* L'EUTONIE

C'est une gymnastique douce au même titre que le yoga et le pilate, proposant des exercices variés, où la jeune maman est tour à tour active et passive.

L'objectif est de travailler la tonicité du périnée en adaptation constante avec la situation ou le mouvement en cours.

Comment se déroule une séance ? Elle commence par un temps d'échange et de relaxation, puis vous passez à la pratique : vous jouez avec votre équilibre en étant assise sur un gros ballon, debout sur un pied, sur le sol ou sur une bûche en bois, allongée pour faire basculer votre bassin dans différentes positions... Les exercices se font sans forcer, l'idée étant de travailler chaque muscle de votre périnée pour en prendre conscience et lui redonner sa longueur et sa souplesse initiales.

Pour en savoir plus : www.institut-eutonie.com.

La reprise du sport

Avec votre périnée bien verrouillé et votre bassin rééquilibré, vous voici prête à reprendre le sport !

Vous rêvez de retrouver un ventre qui, à défaut d'être totalement plat comme à vos 20 ans, aura regagné un minimum de tonicité ? Place à la rééducation abdominale !

LE RENFORCEMENT ABDOMINAL GRÂCE À LA GYM HYPOPRESSIVE

Fortement préconisée par Bernadette Gasquet, médecin et spécialiste du renforcement abdominal, la gym hypopressive tonifie la sangle abdominale sans abîmer votre périnée fraîchement rééduqué.

C'est une technique respiratoire et posturale qui utilise l'apnée. Les différents exercices font la part belle aux étirements et travaillent le transverse, ce muscle profond qui garantit un ventre plat.

En pratique, vous commencez par respirer normalement, en inspirant par le nez et en expirant par la bouche. Vous soufflez jusqu'à vider complètement les poumons et vous bloquez votre respiration. Faites comme si vous vouliez aspirer votre ventre sous les côtes. Vous créez ainsi un vide d'air au niveau pulmonaire et le diaphragme remonte automatiquement. Inspirez ensuite en restant bien droite.

Les résultats sont assez étonnants. Il est dit qu'avec une pratique journalière de 15 minutes pendant 1 mois puis trois jours par semaine les cinq mois suivants, vous pouvez perdre jusqu'à 5 centimètres de tour de taille.

Pour débuter, il est recommandé de faire appel à un spécialiste pour bien intégrer la technique. En moyenne, une dizaine de séances suffisent et les exercices peuvent se poursuivre à la maison.

Bon à savoir : la gym hypopressive peut se pratiquer quelques jours après l'accouchement en amont d'une rééducation périnéale.

Se faire du bien

En donnant la vie, vous avez beaucoup donné ! Vous voici requinquée en bons aliments, vous retrouvez progressivement la forme avec le sport… Il ne reste plus qu'à vous faire belle !

Les soins du corps et des cheveux

- Vous avez écopé d'un masque de grossesse ? Testez les crèmes dépigmentantes ou les peelings légers (hors période d'allaitement).
- Votre ventre et vos cuisses connaissent un léger relâchement ? Associez crème raffermissante et gommage pour une meilleure pénétration des actifs. Une fois que vous aurez stabilisé votre poids, vous pourrez également tester le palper-rouler (LPG, Cellu M6…) pour redessiner votre silhouette.
- Vos seins piquent du nez ? Douchez-les à l'eau froide, qui agit comme tenseur et resserre les pores de la peau (une astuce de grand-mère super-efficace mais un brin masochiste !). Vous pouvez aussi les masser de façon circulaire régulièrement pour stimuler la circulation sanguine et le renouvellement cellulaire.
- Vos cheveux tombent par poignées ? Un bain d'huile de ricin mélangé à de l'amande douce ou de coco favorisera la repousse. Vous pouvez y

Fallait le savoir !

Si vous êtes fan de course à pied, prenez votre temps (il est recommandé d'attendre entre 4 à 6 mois après l'accouchement), allez-y tout doux lors de la reprise et alternez course et marche dans un premier temps, car la pratique d'activités physiques à fort impact favorise la descente d'organes. Pour limiter les risques, vous pouvez également utiliser un pessaire : un petit cube souple en silicone de moins de 3 centimètres, que l'on insère dans le vagin pour le fermer et contenir vessie et rectum.

Mais si les fuites urinaires refont surface, consultez un spécialiste et reprenez votre rééducation périnéale.

associer une cure de gélule antichute riche en fer et un shampoing aux huiles essentielles (cèdre, romarin, gingembre...).

Notre astuce : offrez-vous des soins en institut, avec garderie.

- Dans un spa, comme Jolies Mamans à Paris, qui propose des soins compatibles avec l'allaitement, Préambulles à Lyon, Nohèm à Nantes, le Spa des Quatre Terres à Évian, ou encore Maman Bulle à Nice.
- Lors d'une cure post-natale pour recharger vos batteries et vous détendre en profondeur. Elle se pratique généralement à l'issue de la période post-partum, entre le troisième et le neuvième mois suivant l'accouchement. Au programme : massage, enveloppement d'algues, soins drainants, gym hypopressive, bébé nageur, atelier nutrition... Les cures se déclinent au gré de vos envies et de votre porte-monnaie.

Et plus encore...

Inutile de vous préciser que prendre quelques heures pour vous loin de votre bambin vous fera le plus grand bien : séance de shopping, déjeuner avec les copines, manucure... On oublie un temps les bibs et les couches-culottes sans culpabiliser !

Chapitre 10

Un père, un mari, un amant

Messieurs, soyons clairs, votre rôle est fondamental au sein de ce nouveau trio : « Un enfant sans père, c'est comme une maison sans toit », disent les bouddhistes. Et pour cause ! Selon les experts, le papa, c'est le « tiers séparateur », celui qui coupe symboliquement le cordon ombilical, permettant à l'enfant de s'abstraire de la mère pour se constituer progressivement sa propre existence, mais c'est aussi le second pilier de son éducation et un modèle à part entière.

Un papa très investi

Il n'est pas toujours facile d'investir brutalement votre rôle de père alors que vous n'avez jusqu'ici qu'une vision très abstraite de votre bambin… « Être père n'est pas quelque chose d'inné, mais plutôt quelque chose qui s'acquiert, cela nécessite un travail psychique très important au moment de la naissance et un apprentissage au quotidien », explique Joëlle Desjardins-Simon, psychanalyste.

Pourtant l'arrivée d'un enfant est en général bien vécue par les papas tardifs, qui accueillent avec joie cet ultime cadeau de la vie !

★ Quand vous trouvez spontanément votre place

Même si le parcours a été long et compliqué, vous abordez la paternité avec confiance et naturel, surtout si vous êtes soudé et complice avec votre compagne.

Témoignage

« J'ai vécu un long parcours de PMA. Je me suis beaucoup investi dans cette épreuve auprès de ma femme et j'ai suivi de près sa grossesse. Ma femme ayant accouché par césarienne, j'ai été parmi les premières personnes à tenir mon fils dans les bras.

« J'ai immédiatement créé du lien avec mon fils. »

De retour à la maison, je l'ai nourri, baigné, massé, soigné, changé régulièrement et j'ai senti le lien se créer très rapidement. Voir son regard se fixer sur moi et son sourire se dessiner quand je le tiens dans mes bras me remplit de joie au quotidien !

Changer les couches de mon fils et me lever la nuit pour un biberon est une évidence pour moi… Et, je ne me sens pas exclu quand sa maman lui donne le sein. Ma place de père, je l'ai trouvée naturellement, facilitée par de longues discussions avec ma femme. »

Benoît C., papa à 44 ans d'un petit garçon de 3 mois

Parfois, c'est la naissance d'une deuxième fournée d'oisillons qui vous remplit le cœur et vous donne des ailes ! Père expérimenté, plus disponible qu'à vos débuts, vous vivez cette nouvelle aventure différemment des précédentes.

Témoignage

« J'ai eu mes deux premiers enfants à 24 et 26 ans, plus par conditionnement que réel désir. Bien sûr, j'ai accueilli leur arrivée avec joie mais je me sentais assez peu mature pour devenir papa. Quelques années plus tard, j'ai divorcé et je ne voyais mes enfants qu'un week-end sur deux. C'est peu pour éduquer des enfants ! À 42 ans, j'ai rencontré E., de 15 ans ma cadette. Nous avons rapidement abordé la question des enfants. J'étais partant à 100 %. Revivre l'expérience de la paternité m'a comblé, à tel point que nous avons fait trois bébés en l'espace de cinq ans. Professionnellement, j'ai levé le pied pour profiter de chaque naissance, chaque instant, chaque étape de leur développement, sans aucune frustration. J'ai vécu l'aventure de la paternité de façon bien plus engagée à 40 ans qu'à 20 ans. »

« J'ai adoré redevenir père sur le tard. »

Daniel B., 62 ans, père de cinq enfants

★ Quand le lien peine à se créer

Parfois, l'envie d'enfant ne va pas de soi… mais vous avez cédé à votre chérie, qui était mue par un puissant désir ! La rencontre est alors plus chaotique, freinée par la perspective des nuits hachées ou celle de remettre les mains dans le caca… Il est pourtant

Fallait le savoir !

Votre capacité à devenir père dépend aussi de votre vécu : un père absent ou maltraitant ne constitue pas un modèle fiable et peut entraver votre cheminement vers la paternité. N'hésitez pas à vous faire aider. Le recours à la psychothérapie ou aux médecines douces peut vous être d'un grand secours.

essentiel de créer du lien avec votre bébé dès la naissance pour trouver votre juste place. « Plus la relation entre le père et l'enfant est précoce, plus elle sera forte par la suite et plus elle est bénéfique au trio », explique Joëlle Desjardins-Simon.

★ Quand la mère fait barrage

Parfois, cette place de père, il vous faut l'arracher à une compagne peu disposée à partager la prunelle de ses yeux ! Et pourtant, elle gagnerait à être votre meilleure alliée, comme l'explique Gilles Vaquiez de Labaume, fondateur de l'Atelier du futur papa : « Les pères, et encore plus quand ils sont tardifs, ont beaucoup d'inquiétudes par rapport à l'arrivée de l'enfant, même si ça ne se perçoit pas toujours. Ils ont fondamentalement besoin qu'on leur fasse confiance pour prendre leur place. Il est essentiel que la mère soit dans le lâcher-prise et la bienveillance et surtout pas dans la dévalorisation. Si elle adopte cette attitude positive, alors elle en récoltera les fruits avec un père confiant et capable de la relayer au quotidien. Dans le cas inverse, le papa peut rapidement désinvestir sa famille et son rôle de père, en étant de plus en plus absent. »

★ Nos conseils pour créer du lien

D'une façon générale, imposez-vous très tôt ! Ne jouez pas les adjoints, prenez des initiatives... Vous êtes aussi légitime que votre femme pour vous occuper de votre nourrisson, votre rôle ne se limite pas à remplir les caisses du royaume !

Soyez présent

Ne boudez pas votre congé paternité, prenez-le le plus tôt possible afin d'être là dès le retour à la maison. Vous avez droit à 11 jours minimum et à dix-huit jours en cas de naissance multiple, qui doivent être pris consécutivement au cours des quatre mois suivant la naissance de votre enfant.

Favorisez la proximité physique

À la maternité, si les conditions de l'accouchement le permettent, pratiquez le peau à peau avec votre nourrisson. De retour à la maison, portez-le, câlinez-le sans crainte, faites-le dormir sur vous : la proximité physique déclenche la sécrétion d'ocytocine, l'hormone de l'attachement, qui facilite l'établissement du lien père-enfant. Petite astuce : pensez à vous raser, la peau des bébés n'aime pas quand ça pique !

Multipliez les moments d'échanges en tête-à-tête

Le bain, le massage, le biberon, le change... sont autant d'occasions pour passer un moment seul avec votre nourrisson. En participant à ses soins, vous faites progressivement connaissance avec lui.

Parlez-lui

Il a entendu le son de votre voix *in utero* et la reconnaît comme un élément familier. Chantez, racontez des histoires, parlez de tout et de rien en vous adressant directement à lui. Cette attention lui procure un profond sentiment de bien-être et renforce le lien.

Un partenaire de confiance

Vous pensiez avoir rempli le contrat en jouant les papas poules ? Que nenni ! Il vous faut aussi prendre soin de votre chérie ! Épuisée par neuf mois parfois éprouvants et un accouchement pas toujours simple, elle rêve de poser sa tête sur une épaule solide. Ça tombe bien ! Vos tempes grisonnantes et votre maturité inspirent tout naturellement confiance et stabilité.

Le roc bienveillant

Alors que vous faites tout juste connaissance avec votre bambin, vous devez gérer les états d'âme de votre compagne. Elle passe du rire aux larmes tout en vous hurlant dessus parce que la couche a été mise de travers ? Tout est normal ! Ça s'appelle le baby-blues… Vous vous en seriez bien passé, et elle aussi, en fait. Mais les hormones en ont décidé autrement !

Entre soutien émotionnel et vigilance, votre rôle est un peu ingrat mais essentiel…

- **Restez zen tout en étant présent !** Ne soyez ni dans le conseil ni dans le jugement, mais faites preuve d'écoute, d'empathie et de bienveillance, sans chercher à comprendre ce qui se passe. Votre compagne a surtout besoin d'être rassurée et de prendre confiance en elle.
- **Faites preuve de vigilance !** Un baby-blues peut se transformer en une profonde dépression et vous êtes aux premières loges pour en détecter les signes. Si vous sentez que votre chérie n'est plus en capacité de s'occuper de votre enfant, tirez la sonnette d'alarme et mettez-la dans les mains de professionnels.
- **Proposez vos services :** courses, ménage, tâches administratives, prise en charge des grands enfants… Tout ce qui peut décharger votre chère et tendre est bienvenu ! Vous n'êtes pas expert en tout, mais faites-vous confiance.

Fallait le savoir !

Vos nerfs sont mis à rude épreuve et vous ne comprenez pas toujours ce qui se passe, mais évitez à tout prix les réflexions déplacées, qui ne font qu'empirer les choses : « Très perturbé par mon état dépressif, mon mari m'a dit : "Tu es en train de te laisser mourir et tu veux qu'on meure avec toi." Ça m'a glacé le sang et je n'ai fait que culpabiliser davantage. Il ne comprenait pas non plus ce qui m'arrivait mais heureusement, il m'a beaucoup aidée une fois le diagnostic posé », rapporte Céline C., maman à 39 ans.

Le papa-blues existe-t-il ?

Oui, et il touche 4 % des pères ! En tant que papa tardif, vous êtes particulièrement exposé. À l'origine de ce contrecoup émotionnel, le syndrome du père parfait, votre hyperinvestissement dans le projet bébé, vos inquiétudes par rapport à l'avenir et à votre âge... Parlez-en et faites-vous aider, vous avez aussi le droit de flancher et d'exprimer vos émotions.

Le rempart contre les envahisseurs

La naissance de cet enfant, qui arrive alors que plus personne ne l'attendait, déchaîne les passions ! Famille et amis se bousculent au portillon pour découvrir la septième merveille du monde, alors que votre chérie tente péniblement de siester entre deux tétées... Si vous ne souhaitez pas jouer les videurs de boîte de nuit patibulaires, suivez nos conseils :

- En annonçant la naissance par SMS à vos amis, précisez poliment : « La maman profite de quelques jours pour se reposer et nous vous recevrons tous avec plaisir prochainement pour vous présenter notre bout de chou à la maison. »

- Pour la famille ultra-proche, ne programmez pas de visite avant le troisième jour et limitez-en la durée.
- Veillez à ce que des mesures d'hygiènes simples soient respectées : on se lave les mains en entrant et on ne vient pas avec un rhume carabiné pour saluer bébé.

Prévenir le baby-clash

Un couple sur quatre se sépare à la naissance d'un enfant... Si la maturité confère un certain recul aux parents tardifs, la fatigue, plus prégnante passée 40 ans, peut faire surgir de fortes tensions au sein du couple. Comment surmonter cette crise ?

- **Anticipez :** réfléchissez à deux à une nouvelle organisation (répartition des tâches, aides externes...).
- **Acceptez le changement :** rien ne sera plus comme avant, c'est un changement de vie radical qui vous attend ! Soyez ouvert et patient, acceptez d'être moins libre et de partager votre chérie avec votre bout de chou : un nouvel équilibre familial est en train de se créer.
- **Parlez :** faites-vous violence pour exprimer vos sentiments, expliquez-vous calmement tout en cherchant à comprendre l'autre. Échanger permet de désamorcer bien des conflits.
- **Si votre libido est en berne,** n'en tirez pas de conclusions hâtives, votre enfant vous comble ! Pensez quand même à vous ménager des moments à deux dès que possible.

Fallait le savoir !

Si vous perdez pied, que les disputes s'aggravent ou que vous sentez tout simplement le fossé se creuser entre vous et votre compagne, soyez proactif et pensez à la thérapie de couple. D'une façon générale, il est conseillé de ne pas laisser la situation « pourrir ».

L'amant de toujours

Avec l'arrivée de votre bambin, les rôles se redistribuent ! Vous n'êtes plus deux, mais trois, vous formez désormais une famille... Cette nouvelle configuration doit-elle pour autant signer l'arrêt de mort de votre couple ?

Par goût ou par habitude, vous êtes souvent celui qui relance la machine. Et c'est tout à votre honneur ! « Il est conseillé de ne pas trop tarder pour retrouver de l'intimité après l'arrivée d'un enfant. Plus on attend, plus les habitudes s'installent et plus il est difficile de les changer », explique Joëlle Desjardins-Simon, psychanalyste.

Pourtant le retour au couple ne se fait pas toujours de façon fluide... Votre compagne est souvent dans sa bulle, peu préoccupée par le reste du monde...

Témoignage

« J'ai perdu tout désir sexuel après mon accouchement. J'étais à fond sur mon bébé, et j'avais le sentiment qu'il comblait tous mes désirs. Nous étions en osmose et en fusion complète. »

Anne C., 44 ans, maman d'une petite fille de 3 ans

★ Nos conseils

- **Donnez-lui un peu de temps :** inutile de lui sauter dessus quelques jours après son accouchement... Laissez-la gérer ses suites de couche et fusionner un temps avec l'enfant qu'elle a porté pendant neuf mois.

- **Manifestez votre amour :** caresses, mots doux, bijoux… C'est grâce à ces petites attentions que vous lui donnerez envie de retrouvailles physiques et sensuelles.
- **Rassurez-la :** avec son ventre flasque, ses seins tombants, et ses valises sous les yeux, elle a besoin d'entendre qu'elle vous séduit encore, dites-lui tout simplement qu'elle est belle !
- **Allez-y tout en douceur :** ce qu'elle redoute lors du premier rapport sexuel, ce n'est pas le contact physique, mais plutôt la pénétration, pour tout un tas de raisons liées notamment à l'accouchement. Il se trouve aussi que la lubrification est parfois plus compliquée en raison des bouleversements hormonaux. Usez et abusez donc des caresses et des préliminaires pour une reprise tout en douceur et armez-vous d'un gel lubrifiant si nécessaire.

Fallait le savoir !

Le plastique, c'est fantastique… surtout si vous reprenez du service au cours des trois premières semaines suivant l'accouchement ! En effet, il est encore trop tôt pour que votre compagne reprenne la pilule ou se fasse poser un stérilet, pourtant elle est de nouveau fertile. Si elle allaite au minimum six fois par jour et nuit, vous pouvez opter pour la méthode MAMA, c'est-à-dire vous passer de toute contraception, car la prolactine diminue considérablement la libération des hormones nécessaires à la reprise de l'ovulation.

Chapitre 11

La place de bébé dans le monde

« Dis-moi comment tu t'appelles et je te dirai qui tu es »

Bébé est là et va prendre sa place dans le monde. « Comment tu t'appelles ? », sera la première question qu'on lui posera tout au long de sa vie. Chargé de sens, le prénom d'un enfant en dit long sur sa famille, qui il est, il le caractérisera comme un être unique et irremplaçable.

★ Le choix du prénom, c'est pour la vie !

C'est souvent un moment délicat : il faut tomber d'accord entre parents, choisir un prénom qui n'a pas déjà été donné par son entourage et que votre enfant aimera ! Bref, ça peut être un véritable casse-tête.

Voici quelques conseils pour vous aider à réfléchir :

- pensez aux initiales (W. C., S. M. ou P. Q.) qui peuvent être gênantes ;
- imaginez ce prénom à l'âge adulte (mignon pour un bébé, pas toujours pour un adulte) ;
- soyez attentifs à ce qu'en perçoit votre entourage (connotation religieuse, étrangeté, difficulté à retenir ou à prononcer) ;
- trop original, cela peut être excluant pour votre enfant, trop commun, il risque d'être réduit à un numéro ;
- pensez aux diminutifs possibles ;
- demandez-vous si vous souhaitez que le prénom de votre enfant ait du sens (par exemple : Inès signifie pureté, Clément signifie bon et indulgent).

Fallait le savoir !

Pour les Navajos (Indiens d'Amérique), les prénoms d'un bébé sont si sacrés qu'on ne les utilise que pendant les cérémonies et les moments importants. Le reste du temps, il n'est pas rare de s'appeler « fils », « fille » ou « père ».

Quand la tradition s'en mêle

Certains parents entretiennent la tradition de donner au nouveau-né les prénoms des grands-parents ou des parents (paternels si c'est un garçon et maternels si c'est une fille). L'enfant s'installe d'emblée dans l'arbre de vie de la famille.

★ La déclaration à l'état civil

La déclaration de naissance est obligatoire dans un délai de 5 jours après la naissance (ensuite, vous aurez affaire au tribunal de grande instance). Elle doit être faite par une personne ayant assisté à l'accouchement – en pratique, c'est souvent le père –, dans la mairie de la ville où le bébé est né. En cas de naissance d'un enfant français à l'étranger, la déclaration de naissance suit des formalités spécifiques. Elle permet d'établir l'acte de naissance.

Et si le père ne reconnaît pas l'enfant ?

Attention danger ! Lorsque les parents sont mariés ou pacsés, la reconnaissance n'est pas nécessaire : l'enfant est dit « légitime » Si les parents ne sont pas mariés, l'enfant est dit « naturel » Le père doit, dans ce cas, obligatoirement reconnaître l'enfant. La filiation ne pourra plus être contestée.

L'enfant « reconnu » a les mêmes droits que l'enfant légitime, notamment en matière de succession (surtout dans le cas d'une naissance « adultérine »).

Pensez à l'avenir de votre enfant, la question de l'identité est fondamentale.

L'enfant né d'un couple homosexuel

Grâce à la loi du 17 mai 2013 sur le mariage pour tous, les deux membres du couple homosexuel peuvent désormais établir un lien de filiation envers un enfant, à condition d'être mariés. Un des deux parents reconnaît l'enfant et l'autre procède à une adoption simple ou plénière. Concernant la PMA ou GPA à l'étranger, la jurisprudence européenne a considéré que le refus de transcription de l'acte de naissance de l'enfant portait une atteinte disproportionnée à ses droits et la jurisprudence française est en passe d'évoluer sur le sujet.

Les conseils d'un avocat peuvent être nécessaires.

Reconnaître un enfant adopté

Vous devez faire une demande d'adoption auprès du tribunal de grande instance ou attendre la transcription du jugement étranger au service central d'état civil du ministère des Affaires étrangères. Pendant cette période, l'enfant conserve son état civil et, lorsqu'il s'agit d'un enfant étranger, sa nationalité.

★ Le faire-part de naissance

Parents quarantenaires ou pas, le faire-part de naissance fait toujours un tabac ! Bonne nouvelle, sous les prospectus de pizza et les factures EDF, il reste encore ce petit message joyeux et terriblement convivial. Un brin conventionnel, le faire-part doit mentionner la taille, le poids, le jour, voir l'heure de naissance, des informations dont beaucoup n'ont que faire (osons le dire). Cependant, avec un peu d'imagination et de temps, il peut être créatif, drôle et touchant (surtout pour ceux qui ont attendu longtemps avant de pouvoir annoncer cette nouvelle).

À faire soi-même, en commandant sur Internet ou en optant pour l'option digitale, soyez rassurés, vous trouverez sans souci une multitude de sites spécialisés.

ON VOUS AIDE ?

Bon, c'est parce qu'on vous aime bien, voici trois sites qui nous plaisent vraiment beaucoup :

- www.monpetitfairepartalamericaine.fr
- www.happy-chantilly.com
- www.dioton.fr

Une famille mosaïque

Bébé arrive (peut-être) dans une famille existante, il a des frères, des sœurs ou des demi-frères et demi-sœurs, c'est assez courant chez les parents quarantenaires.

Il va donc falloir redessiner le « plan de table » pour donner à chacun son importance. Bébé dort le jour, pleure la nuit et accapare beaucoup ses parents. Jalousie, frustration, dédain peuvent alors faire surface. Ces émotions peuvent cacher des sentiments plus profonds. N'oublions pas qu'une famille recomposée a ses blessures, son histoire, ses non-dits. Un bébé est un véritable catalyseur d'émotions fortes en tout genre.

Nos conseils en cas de tempête :

- essayez de comprendre ce qu'expriment vos aînés ;
- harmonisez votre discours et votre attitude dans le couple ;
- calmez le jeu et soyez patients ;
- ne forcez pas vos aînés à s'occuper du bébé, même si cela part d'un bon sentiment ;
- rassurez vos enfants sur l'amour que vous leur portez ;
- instaurez des règles de sécurité envers le bébé tout comme vous protégez chacun de vos enfants.

Témoignage

« Mon conjoint n'était pas partant pour un quatrième enfant. Déjà père de trois grands (16, 17 et 22 ans) d'un premier mariage, il en avait fini avec les couches et les nuits blanches.

De mon côté, hors de question de vivre sans materner. Quand je suis tombée enceinte, ce fut donc un véritable tsunami pour toute la famille. Je m'entendais très bien avec les enfants de mon conjoint jusqu'à ce jour. La tendance s'est clairement inversée : ils m'ont envoyé des messages agressifs et violents me disant que je détruisais "leur" famille. Comme un pavé dans la mare, j'étais devenue une étrangère.

« Après quelques mots assassins, l'amour a pris le dessus. »

L'attitude de mon conjoint a beaucoup influencé ces réactions : ce n'était que des adolescents qui voyaient leur père malheureux ! Ce sont de très mauvais souvenirs, et j'en ai beaucoup souffert. Mais j'ai pensé au bébé avant tout, me disant qu'il ne pouvait pas être coupé de cette fratrie. J'ai alors tout fait pour me réconcilier avec le papa. Les enfants ont naturellement suivi le mouvement. J'ai rapidement entamé une discussion avec eux, pour les rassurer, et les faire entrer dans le nouveau cercle familial.

Deux ans plus tard, mon fils a vraiment trois frères et sœurs qui l'aiment et qui s'occupent différemment de lui selon leurs personnalités respectives. Je comprends qu'à leur âge ils aient d'autres choses à faire que pouponner, j'essaie de ne pas les juger. J'ai aussi fait le deuil de la famille idéale dont j'ai toujours rêvé, en valorisant ce qu'il nous reste de positif. »

Agathe G., primipare à 37 ans

★ Le rôle du beau-parent

Vous glisser dans le costume du beau-père ou de la belle-mère, vous ne l'aviez pas forcément prévu… Mais la vie en a décidé autrement et vous propose un joli numéro d'équilibriste !

Quel est votre statut ?

Sur le plan juridique, les textes sont clairs : être beau-parent c'est un fait et non un statut ! Vous n'avez donc aucun droit ni devoir envers les enfants de votre conjoint, n'ayant pas de lien de filiation avec eux.

Comment trouver votre place ?

C'est donc bien à vous d'inventer votre rôle de beau-parent. Il dépendra avant tout de votre investissement personnel et des besoins de vos beaux-enfants… Il existe 1 001 façons de prendre sa place de « parent bonus », mais voici quelques règles de base pour faire de ce défi une belle aventure :

- **Ne tentez pas de vous substituer** au père ou à la mère de vos beaux-enfants, surtout si il ou elle est encore très présent(e) dans leur vie… Évitez donc de vous faire/laisser appeler « papa » ou « maman », votre prénom fera très bien l'affaire.
- **Ne faites pas « copain-copain »** avec votre beau-fils ou votre belle-fille, surtout s'ils sont encore jeunes. Votre statut doit être clairement signifié par des responsabilités précises. C'est là que leur père/mère intervient en vous laissant exercer une certaine autorité sur eux, les protéger, participer à leur éducation, etc.
- **Essayez d'être un parent « juste »** Même s'il existe une différence indéniable entre la relation à votre propre enfant et à celui de l'autre, veillez à ne privilégier personne.
- **Créez de vrais liens** avec vos beaux-enfants. Vous partagez des passions ou des centres d'intérêt ? Profitez-en pour passer du

temps ensemble et construire une complicité... Elle rejaillira de façon très positive sur toute la famille !

Les grands-parents : la juste place

Évidemment lorsqu'on a des enfants à quarante ans ou presque, les grands-parents ont déjà la carte vermeille depuis quelques années. Coup de jeune pour les uns, coup de blues pour les autres, les grands-parents n'ont jamais été autant sollicités pour la prise en charge de leurs petits-enfants. Cependant, il va falloir s'adapter à leurs possibilités et à leurs envies.

★ Trop fatigués pour assurer !

En vieillissant, les personnes âgées perdent confiance en elles, en leurs capacités physiques et intellectuelles. Si l'on considère souvent aujourd'hui les grands-parents comme des nounous potentielles, c'est une charge qu'ils ne peuvent pas toujours assumer. Ils culpabilisent et en souffrent, il est donc essentiel de désamorcer les tensions. Rappelons-nous qu'autrefois les grands-parents étaient simplement là pour témoigner de l'histoire familiale et perpétuer certaines valeurs. Pour les enfants, c'est un repère sécurisant et leurs chansons d'antan amusent beaucoup les tout-petits.

Cerise sur le gâteau, les grands-parents se plient généralement en 4 pour faire rire ou divertir leurs petits-enfants au prix de quelques transgressions ! Ils y trouvent une joie immense, c'est la continuité de leur propre vie.

Ainsi, les moments partagés constituent une bibliothèque de souvenirs extraordinaires pour vous et votre enfant.

Témoignage

« J'ai cinq petits-enfants. J'ai beaucoup gardé les quatre premiers. J'étais disponible et les autres grands-parents vivaient à l'étranger. J'avais la "voie libre". J'ai vu leurs premiers pas, je leur ai appris à faire du vélo ou à nager. Je les ai choyés et chouchoutés autant que possible.

Quand le cinquième est arrivé, je n'avais plus le même âge. Je ne l'ai jamais baigné ou habillé. Je ne l'ai jamais eu pour moi toute seule. À mon âge, un malaise peut arriver, ce ne serait pas prudent de le garder. Je suis malheureuse pour cet enfant qui n'aura pas de souvenirs de moi.

« J'ai été mamie pour la première fois à 57 ans et pour la dernière fois à 79 ans. »

Une fois, je l'ai porté et je me suis pris les pieds dans le tapis, je suis tombée avec le bébé dans les bras, je m'en suis beaucoup voulu, j'en ai rêvé tant de fois. C'est une grande souffrance, une frustration extraordinaire.

Mon fils a compris cela, alors, il m'appelle souvent avec FaceTime, quand il est avec le petit, c'est factuel, mais au moins il m'appelle mamie, il me parle, il me reconnaît.

Nous, les grands-parents, nous avons un rôle, celui de transmettre. J'espère pourvoir encore remplir ma mission. »

Nelly G.

Une cure de jouvence

On vous avait prévenu, les enfants jouent bien des rôles : parfois celui d'émissaire, parfois celui d'entraîneur sportif. Pour certains grands-parents, c'est un prétexte pour se bouger et se reprendre en main. C'est aussi l'occasion de se souvenir. Les « jeunes parents » se laissent conter les histoires de leur enfance : « Toi, quand tu étais petit, tu faisais ceci ou cela... », et les grands-parents revivent ces moments délicieux avec leur descendance.

Il y a aussi les conseils : « Tu devrais lui mettre des chaussettes... » qui agaceront ou feront sourire. Les modes d'éducation ont bien changé. Largués sur les principes d'éducation bienveillante ou positive, papi et mamie préfèrent profiter du temps présent sans se prendre la tête.

Témoignage

« Ma fille est tombée enceinte à 41 ans. Nous avions, ma femme et moi, déjà vécu le plaisir procuré par la présence de petits-enfants, huit à dix ans plus tôt, mais l'arrivée surprise et tardive de ce petit-fils fut bien différente.

Aussi étonnés que ravis, nous avons été rapidement sollicités pour le garder régulièrement. Dès ses 4 mois, C. passait une nuit par semaine à la maison :je ne pensais pas (re)découvrir avec autant de plaisir chaque étape de l'évolution d'un tout-petit. Encore actif professionnellement mais plus libre d'organiser mon temps, j'ai fait en sorte de ne rien manquer et le lien s'est tissé très vite entre nous...

« Tout me semble plus intense avec lui. »

Est-ce le sentiment diffus que le temps m'est compté, que c'est la "dernière fois" ? Tout me semble plus intense avec lui ! Certes, il y a un prix à payer : rester assez en forme pour courir derrière lui au parc, jouer à la marchande, pousser le tracteur…

Ma fille et ma femme se marrent et m'appellent Super-Nounou. Elles me trouvent d'une patience remarquable et d'un dévouement total avec C., mais se plaignent de ma faiblesse à son égard.

Est-ce le recul et la distance amusée que procure l'âge ? Je ne me lasse pas de sa compagnie, et sa complicité m'enchante, même s'il m'épuise et peut se transformer en petit tyran ! Je crois comprendre sans effort sa perception du monde et nous partageons déjà beaucoup de choses : un plaisir à vivre dans l'instant et une curiosité sans borne (que je n'aurais plus sans lui), mais aussi un goût immodéré pour le chocolat et les pauses au bistrot… Mais chuuuut, ne dites rien, on risquerait de se faire taper sur les doigts par les parents. »

Jean-François P., papy « addict » de 73 ans

Ton parrain et ta marraine

Nous sommes presque 8 millions de parents par an à opter pour le baptême religieux, et combien à choisir des parrains et des marraines de cœur ?

Motivés par l'envie d'exprimer une amitié forte, les marraines et parrains de cœur n'ont cependant aucun droit sur vos enfants, même dans le cas d'un baptême républicain. S'il vous arrive quelque chose, un tuteur légal sera attribué à l'enfant par un jugement du tribunal. À noter qu'il vous est possible de désigner vous-même, devant un notaire, ce tuteur légal en cas de pépin.

Les parrains et marraines sont donc libres d'inventer leurs propres codes : ne rien s'imposer, être là, et partager les passions de leur filleul(e)... Une bulle de savon, une bouffée d'oxygène, du beurre dans les épinards, une conception idyllique, c'est vrai, souvent un peu éloignée de la réalité...

Ce qu'il faut retenir

Même si l'arrivée de bébé a été soigneusement préparée, vous n'êtes pas au bout de vos surprises.

Ce n'est pas parce que les débuts sont difficiles avec votre enfant que votre relation ne sera pas belle par la suite !

La culpabilité et le désir de perfection sont vos pires ennemis.

Il est essentiel d'investir son rôle de père, le trio ne s'en portera que mieux !

Partie 4

L'éducation, la grande affaire !

SORTIS VICTORIEUX d'un post-partum qui vous a parfois malmenés, vous voici fin prêts pour éduquer votre bambin ! Ça tombe bien, l'éducation, c'est un peu votre dada... Disponibles et engagés, vous ne badinez pas avec l'éveil et l'instruction, vous avez de l'ambition pour votre progéniture... Très (parfois trop) impliqués dans votre rôle de Super-Parents, vous savez que le temps de l'enfance se conjugue au présent et vous savourez chaque étape du développement de votre bambin.

Chapitre 12
L'éveiller

Vous craquez devant les risettes de votre bout de chou et vous savez mieux que quiconque que ce bébé est doté d'incroyables compétences qui ne demandent qu'à s'exprimer au grès des stimulations de son environnement affectif, social et culturel.

En effet, selon les experts, le cerveau de l'enfant connaît une période de croissance et d'optimisation importante au cours des cinq premières années de vie. On a d'ailleurs coutume de dire qu'avant 6 ans tous les enfants ont du génie ! Tout n'est que jeu, découverte et apprentissage... Alors autant en profiter.

Mais avant toute chose, faisons le point sur les grandes étapes de son développement. Bien sûr, ce tableau n'est qu'indicatif. Chaque enfant est unique et développe ses compétences à son rythme.

	Développement affectif	Motricité fine	Motricité globale	Développement intellectuel	Développement social
1 mois	Il exprime sa faim et son inconfort en pleurant.	Il garde les poings fermés.	Sa tête tombe si elle n'est pas soutenue.	Il réagit aux voix et aux sons.	Il scrute votre visage quand vous lui souriez.
2 mois	Il exprime sa voix par des sons gutturaux.	Il suit les gens et les objets du regard.	Il tourne la tête des deux côtés.	Il reconnaît quelques objets.	Il reconnaît les voix et les personnes familières.
3 mois	Il réagit à la présence de personnes familières.	Il joue avec ses mains et les porte à sa bouche.	Il tient sa tête droite en la contrôlant mieux.	Il gazouille à partir des sons « hi » et « ha »	Il réagit aux paroles et aux sourires des adultes en gazouillant.
4 mois	Il cesse de pleurer au son de votre voix.	Il agrippe des objets entre ses doigts et sa paume.	Il se tourne d'un côté à l'autre.	Il tourne sa tête vers un bruit pour voir d'où il provient.	Il rit quand on le chatouille et qu'on joue avec lui.
5 mois	Il est méfiant à l'égard des étrangers.	Il laisse tomber et ramasse des objets.	Il sait s'asseoir avec un appui.	Il babille des consonnes doubles.	Il interrompt les conversations pour capter l'attention.
6 mois	Il exprime sa joie et sa frustration.	Il frappe des objets contre la table.	Il se retourne sur le ventre et sur le dos.	Il suit du regard des objets qui se déplacent rapidement.	Il tente d'imiter certaines expressions faciales.

	Développement affectif	Motricité fine	Motricité globale	Développement intellectuel	Développement social
7-9 mois	Il reconnaît ses parents et veut rester à côté d'eux.	Il ramasse des objets entre son pouce et son index.	Il reste assis longtemps sans appui.	Il se retourne quand il entend des sons familiers.	Il imite les gestes des autres.
10-12 mois	Il fait preuve d'affection grâce à des câlins et des bisous.	Il met des objets dans une boîte puis les retire.	Il marche en s'agrippant aux meubles.	Il comprend certaines demandes et phrases simples.	Il répète les sons et les gestes qui vous font rire.
12-18 mois	Il se reconnaît dans le miroir ou sur une photo.	Il tourne les pages d'un livre.	Il pousse et tire les objets en marchant.	Il pointe un objet avec son index pour vous le montrer.	Il fait preuve d'humour.
18-24 mois	Il se montre à l'aise ou apeuré selon les circonstances.	Il enlève seul ses souliers, ses bas et son bonnet.	Il tape dans un ballon avec son pied.	Il prononce des phrases de deux mots.	Il se montre possessif avec ses jouets.
24-30 mois	Il réagit aux sentiments des autres et montre de l'empathie.	Il gribouille en tenant son stylo à pleine main.	Il court sans tomber.	Il commence à compter.	Il prend conscience de la différence des sexes.
30-36 mois	Il cherche l'approbation des autres et leurs encouragements.	Il retire et remet les couvercles des pots.	Il court vite sans tomber.	Il aime feuilleter des livres illustrés et commenter les images.	Il aime jouer à côté d'autres enfants.

L'éveil par le jeu

Le jeu est le vecteur le plus naturel chez l'enfant pour apprendre et découvrir le monde qui l'entoure ! Moins fringants qu'à vos 30 ans, vous n'en êtes pas moins motivés pour jouer avec lui et stimuler ses apprentissages...

★ L'éveiller tout en douceur...

Préoccupés par ses capacités d'acquisition, vous guettez, parfois avec un brin d'anxiété, les moindres progrès de votre enfant... Pour peu qu'il soit en collectivité, vous avez tendance à comparer ses performances avec celles de ses petits copains... Et votre désir de l'éveiller peut alors vite se transformer en sur-stimulation, un écueil à éviter, comme nous l'explique Amélie Moireau, éducatrice en crèche : « L'éveil d'un enfant doit se faire de façon naturelle, sans objectif de performance. Il s'agit d'un moment de plaisir et de partage, qui favorise la relation affective avec le parent et le sentiment de sécurité essentiel au bon développement de l'enfant. Griller les étapes peut créer une carence affective et jouer sur la confiance en soi : un enfant a besoin d'expérimenter par lui-même et de trouver les ressources qui lui permettent de s'en sortir seul, pour être à l'aise avec son corps, plutôt que de sentir qu'on attend toujours plus de lui. »

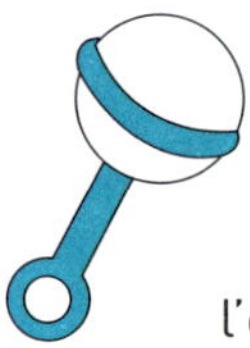

Nos astuces pour jouer avec bébé :

- Essayez de consacrer au minimum 10 minutes par jour à jouer avec votre enfant. Cela développe et entretient son assurance.
- Soyez attentifs à ses signes de lassitude et n'enchaînez pas les séquences de jeux. S'il ne parvient plus à fixer son attention, faites une pause.
- Mettez-vous à sa disposition, sans imposer, adoptez l'attitude de l'observateur. Vous n'êtes pas obligés de vous inclure dans le jeu,

votre enfant apprend aussi bien en jouant seul sous votre regard bienveillant.

... et sans se forcer

Parfois, vous vous sentez peu disponible ou tout simplement fatigué par ce quotidien de « jeune parent » qui vous cueille à la fleur de l'âge. Et un vieux sentiment de culpabilité tend à refaire surface... Inutile pour autant de vous forcer ! « Si on fait les choses par contrainte, l'enfant le sent et va tout faire pour capter notre attention, notamment en nous testant, ce qui transforme ce moment de plaisir en un rapport de force. Conclusion, il vaut mieux offrir à son enfant un temps court mais de qualité, où nous sommes 100 % disponibles, sur le plan psychique », explique Amélie Moireau, éducatrice en crèche.

Et si vous manquez d'idées, voici quatre jeux simples adaptés à l'âge de votre bout de chou et réalisés avec un minimum de matériel.

Des jeux adaptés à chaque âge

AVANT 3 MOIS, PRIVILÉGIEZ LE TOUCHER

À l'aide de votre souffle, d'une plume ou d'un morceau de fourrure, effleurez son visage, son cou, son ventre, ses jambes... Idéal pour l'aider à prendre conscience de son corps.

ENTRE 3 ET 6 MOIS, SURPRENEZ-LE !

Installez-vous sur votre lit, jambes repliées et pieds en l'air, puis posez votre bébé à plat ventre sur vos pieds face à vous. Déplacez vos jambes de droite à gauche, puis faites-le atterrir tout en douceur. Il a l'impression de voler et travaille son sens de l'équilibre.

ENTRE 6 ET 12 MOIS, INITIEZ-LE AU MOUVEMENT

Fabriquez un chamboule-tout à l'aide de gobelets en plastique ou de cubes empilés, donnez-lui une balle, et proposez-lui de faire s'écrouler l'édifice. Rires garantis et développement de l'habileté manuelle en prime !

ENTRE 1 ET 2 ANS, AIDEZ-LE À DÉVELOPPER SA DEXTÉRITÉ

Gonflez un ballon de baudruche et demandez-lui de l'envoyer en l'air. Mais attention, le ballon ne doit jamais toucher le sol ! C'est l'occasion d'apprendre à coordonner ses mouvements et à doser ses gestes.

INFO OU INTOX ?

Jouet d'éveil par excellence, le mobile ne fait pas l'unanimité chez les professionnels ! Suspendu au-dessus du lit ou attaché à un portique sur un tapis d'éveil, il ne présenterait que peu d'intérêt pour bébé. Impossible à attraper et/ou à manipuler librement, il serait même source d'une grande frustration pour l'enfant, qui aurait du mal à en tirer une expérience positive...

La conscience du corps

Ce nourrisson que vous câlinez et couvrez de bisous n'a pas encore conscience du monde qui l'entoure, ni de son propre corps, ni même de la séparation entre ces deux entités...

★ L'acquisition du schéma corporel

En quelques mois, votre bambin va découvrir son corps et la place qu'il occupe dans l'espace. Grâce aux expériences qu'il vit quotidiennement, il perçoit progressivement les rapports entre ses différents membres et leur mécanique : baisser la tête pour passer à quatre pattes sous une table, se saisir d'un objet en tendant le bras... On parle alors d'acquisition du schéma corporel, une étape essentielle pour prendre conscience de sa singularité, de son unicité et de la notion de soi.

LE TEST DU MIROIR

Placez votre bébé face à un miroir et observez ses progrès !

Vers 4 mois, il gesticule devant le miroir persuadé qu'il se trouve face à un autre enfant et ignore tout de son propre reflet. Mais si vous passez derrière lui, il vous reconnaît. C'est une première étape de franchie !

Vers 7 ou 8 mois, il est de plus en plus attiré par le miroir. À cet âge-là, il est capable de distinguer les visages familiers de ceux des inconnus et il a déjà exploré son corps avec ses mains ou sa bouche. C'est ainsi qu'il commence à parler à son reflet et à lui faire des signes. La prise de conscience s'amorce...

Entre 12 et 18 mois, il est surpris par les mouvements observés dans le miroir qui suivent exactement les siens... Il essaie *via* des jeux de mains de toucher l'image face à lui sans vraiment savoir qu'il s'agit de la sienne.

Entre 18 et 24 mois, il constate que l'image ne prend pas l'objet qu'il lui tend. Ce phénomène peut le mettre mal à l'aise, mais lui permet aussi de comprendre... qu'il est face à son reflet !

Alors, comment savoir s'il se reconnaît bien dans le miroir ? Faites une petite tache de rouge à lèvres sur son front sans qu'il s'en aperçoive. Si devant le miroir il se touche le front pour retirer cette trace rouge, c'est qu'il a compris qu'il était face à son reflet !

Pour aider votre enfant à découvrir son corps de façon ludique et naturelle, vous pouvez aussi pratiquer le yoga pour bébé, une activité qui vous plaira autant qu'à votre bambin !

LE YOGA POUR BÉBÉ

Sandrine Gameiro, fondatrice de Maman Yogini, a répondu à quelques questions.

« **Quels sont les bienfaits du yoga pour bébé ?**

- Il renforce le lien d'attachement entre le parent et l'enfant.
- Il aide à soigner les petits maux de bébé (les coliques par exemple).
- Il participe à son éveil sensoriel et psychomoteur : bébé découvre son corps de façon plaisante dans une dynamique d'interaction.

Comment se déroule une séance ? Elle dure environ 50 minutes. 20 minutes sont exclusivement dédiées au bébé. Il s'agit de travailler chaque partie de son corps, des pieds à la tête, *via* des étirements doux, de légers massages circulaires et des points de digitopression. Le travail sur l'ouverture des bras est particulièrement intéressant par exemple. Il permet au bébé, après neuf mois de position fœtale, de prendre conscience du haut de son corps. Le reste de la séance est dédié à la maman, qui reste néanmoins en contact visuel, sonore ou tactile avec son bébé. Les nourrissons peuvent être un peu grognons au bout de 50 minutes car très sollicités, c'est assez fatigant pour eux... mais tellement bénéfique !

À partir de quel âge peut-on pratiquer le yoga pour bébé ? Il n'y a pas vraiment de contre-indication, mais il est recommandé de le faire entre le 1er mois et les 7 mois du bébé. Avant, c'est trop tôt, les mères se remettent tout juste de l'accouchement. Après, c'est trop tard, l'enfant a plutôt envie qu'on le laisse tranquille pour expérimenter les choses par lui-même.

Quel est le coût moyen d'une séance ? Entre 20 et 25 euros. »

★ L'apprentissage de la marche

Certains enfants marchent à 10 mois, d'autres à deux ans... Et le vôtre, quand va-t-il adopter la position du bipède ? « Quand il sera prêt », répondent en chœur les experts ! Inutile donc de lui forcer la main... Votre devise ? *Less is more* !

Notre astuce : testez la motricité libre !

- **Posez régulièrement votre bébé sur le dos :** cela lui permet de développer ses capacités d'observation et de trouver par lui-même comment atteindre ses objectifs (attraper un jouet, se retourner, se déplacer...). Vous pouvez aussi le mettre ponctuellement sur le ventre – mais toujours en restant à côté de lui – afin qu'il muscle sa nuque et qu'il apprenne à se redresser.
- **N'asseyez pas votre enfant :** s'il n'a pas acquis le passage de la position assise par lui-même, il se retrouvera dans une situation inconfortable.
- **Passez-vous de parc :** il suffit de sécuriser l'espace où votre bébé évolue. Cela lui permet d'avoir une plus grande liberté de mouvements. Sa curiosité le poussera à l'exploration, à la découverte et donc au développement de ses capacités motrices.

- **Mettez des jouets et objets divers** (non dangereux bien sûr !) à sa hauteur, pour l'encourager à aller les découvrir.
- **Évitez les youpalas et les trotteurs** qui entravent l'acquisition naturelle de la marche et de l'équilibre. Ils seraient même considérés comme dangereux et susceptibles de provoquer des chutes. Ils sont d'ailleurs interdits dans les crèches canadiennes et australiennes et fortement déconseillés au sein des modes de garde collectifs français.

> **Fallait le savoir !**
>
> Ne chaussez pas trop tôt votre enfant ! Il a besoin de bien sentir son appui au sol : le contact direct de sa voûte plantaire sur la moquette ou le parquet de sa chambre le renseigne de façon très précise et lui permet d'ajuster son équilibre.

La découverte du goût

Vous rêvez de faire de votre bout de chou un fin gourmet… Et vous ne ménagez pas vos efforts pour lui donner le goût des bonnes choses : menus bio, repas pris en famille, sorties au restau… Mais la route est parfois longue avant qu'il n'avale ses brocolis avec le sourire.

★ La délicate étape de la diversification alimentaire

Vers 4 ou 5 mois, vous avez le feu vert pour introduire progressivement des aliments autres que le lait au cours des repas de votre bambin ! Comment franchir sereinement cette étape, qui conditionnera en grande partie son rapport à la nourriture et au goût ?

- **Allez-y progressivement :** introduisez les aliments un par un en commençant par les légumes aux saveurs douces systématiquement mixés (carotte, courgette, potiron…), proposez ensuite des fruits en compote, puis des fruits crus en quantité modérée et ajoutez les protéines et les féculents vers 6 mois. À partir de 8 mois, vous pourrez varier les textures (fruits écrasés, morceaux tendres...) et autour de 12 mois, votre enfant mangera quasiment de tout.

- **Armez-vous de patience et restez zen :** ce n'est pas grave si votre enfant n'avale que de petites quantités. Un bébé régule de lui-même son appétit, inutile donc de le forcer, vous risquez de provoquer dégoût et blocages.

Notre astuce : testez la diversification menée par l'enfant, également appelée diversification autonome ou consciente.

LA DIVERSIFICATION MENÉE PAR L'ENFANT (DME)

Cette méthode, développée par le médecin anglais Gill Rapley, rend l'enfant acteur de son alimentation en le laissant contrôler sa consommation d'aliments solides dès le début de la diversification. Plus de cuillère, plus de purée, bébé doit se saisir de la nourriture par lui-même et à son rythme !

Comment la mettre en pratique ? Disposez dans l'assiette de votre enfant plusieurs aliments qui peuvent être tenus facilement dans la main : fleurets de brocolis et bâtonnets de carotte cuits, quartiers de tomate, morceaux de banane... Et, laissez-le choisir !

Quels sont ses bénéfices ?

- Il tend à accepter des aliments variés se focalisant aussi bien sur la forme et la couleur que sur le goût.
- Il développe la psychomotricité main/bouche.
- Il favorise la sortie de ses dents et muscle sa mâchoire.

Quels sont les inconvénients ? Vous n'avez pas fini de nettoyer le sol de votre cuisine ! Installez du papier journal sous la chaise de votre bébé pour faciliter le nettoyage.

Quels sont les risques ? Selon les experts, si votre bébé se tient assis et arrive à tenir sa nourriture dans sa main comme il faut pour la pousser dans la bouche, le risque d'étouffement est largement limité. Mais vous devez rester en permanence à côté de lui pour vous assurer que tout va bien.

Fallait le savoir !

Si votre enfant a des prédispositions aux allergies, quelques précautions s'imposent :

- **Attendez ses 6 mois pour attaquer la diversification.**
- **Patientez jusqu'à 1 an pour introduire l'œuf, le poisson et les aliments à fort pouvoir allergène (kiwi, céleri, crustacés...).**
- **N'introduisez pas de produits contenant de l'arachide ou des fruits à coque avant ses 3 ans.**

★ Néophobie quand tu nous tiens !

« J'aime pas ça ! »... Avant même d'avoir pris une seule bouchée de votre gratin de brocolis, votre bout de chou fait la grimace ! C'est souvent autour de 20 mois que la néophobie alimentaire fait une entrée fracassante... Elle touche d'ailleurs 75 % des enfants âgés de 2 à 6 ans ! Eh oui, votre bébé qui avalait jusqu'ici ses purées sans rechigner, va systématiquement refuser tout aliment nouveau ou des aliments connus mais présentés sous une autre forme (oui, c'est vicieux !).

Nos astuces :

- **Ne vous méprenez pas :** votre enfant ne fait pas un caprice, il est littéralement effrayé par cette rencontre du 3e type. Inutile donc de se fâcher !

- **Gardez l'espoir :** ce n'est pas parce qu'un bébé boude un légume une fois qu'il faut capituler ! Une étude montre que c'est en présentant l'aliment au moins 8 fois que l'idée d'y goûter se manifeste.
- **Impliquez votre enfant** dans la préparation : en participant à l'élaboration du repas, il se familiarise avec le nouvel aliment avant qu'il n'atterrisse dans son assiette.
- **Montrez l'exemple :** délectez-vous avec enthousiasme de ce délicieux gratin ! Vous rassurez ainsi votre bambin tout en piquant sa curiosité.
- **Nommez l'aliment**, racontez-le, dites d'où il vient, comment il a été cueilli... Bref, vendez du rêve.

★ Les bonnes pratiques alimentaires

Il y a une vingtaine d'années, des chercheurs ont mis en lumière l'impact des mille premiers jours de vie d'un enfant sur sa santé à long terme. La nutrition joue naturellement un rôle majeur au cours de cette période, notamment dans la prévention de nombreuses maladies (diabète, obésité, défaillances cardio-vasculaires...).

Quelques astuces pour mettre en place de bonnes pratiques alimentaires :

- Inspirez-vous du compte Instagram Jacob's Food Diaries, qui propose chaque jour des assiettes amusantes et équilibrées à l'effigie de personnages de dessins animés ! Succès garanti.
- Remplacez les aliments industriels par les super-aliments : la purée d'amandes nature pour

> **Fallait le savoir !**
> Même si le fait-maison est à privilégier, sachez que les petits pots industriels, surtout quand ils sont bio, sont soumis à une réglementation très stricte : la quantité de pesticides, de nitrates et autres composants nocifs est très contrôlée.

le goûter, les graines de chia à servir en pudding au petit déjeuner, accompagné d'une cuillère de pollen de ciste, les algues et les germes de blé à saupoudrer sur les plats, les *mulberries* (mûres séchées) et les *cranberries* quand les dents ont poussé...

La conquête des mots

Cette petite pipelette, qui babille tant qu'elle peut, n'a pas fini de vous en conter... Vous êtes d'ailleurs à l'affût de son premier mot, convaincu que la maîtrise du langage est au cœur de bien des apprentissages.

★ La découverte du langage

Elle débute dès la naissance et se poursuit jusqu'aux 5 ans de l'enfant. En quelques années, votre bambin passe des gazouillis aux babillements, de la création de mots-phrases à des constructions complexes, de la constitution d'un lexique basique à l'utilisation d'un vocabulaire de plus en plus riche.

Nos astuces pour l'accompagner :

- **Nommez** tout ce qui l'entoure, les objets et les personnes.
- **Expliquez-lui** les sons qu'il entend.
- **Parlez-lui souvent**, commentez ce qu'il fait.
- **Répétez** ce qu'il dit en complétant ses phrases de façon de plus en plus complexe.
- **Lisez-lui des livres**, jouez avec lui pour enrichir son vocabulaire.
- **Apprenez-lui des comptines**, faites des parties de loto ou de memory pour stimuler sa mémoire.
- **Faites-le participer aux tâches quotidiennes** pour accroître ses expériences, son lexique et sa compréhension.

- À n'importe quelle étape de son apprentissage, mais de préférence vers 6 mois, vous pouvez aussi lui **apprendre le langage des signes**...

Témoignage

« J'ai commencé à signer régulièrement avec mon fils vers ses 7 mois. En quelques ateliers avec une professionnelle, j'ai rapidement acquis les bases des signes pour bébé (une version simplifiée du langage pour les sourds et muets) et j'ai essayé de joindre systématiquement le geste à la parole, ce qui m'a demandé de la patience et une certaine ténacité !

Ce qui n'était qu'un jeu d'éveil au départ s'est révélé utile par la suite. Autour de 10 mois, mon fils était capable d'exprimer ponctuellement ses ressentis et ses besoins avant même de savoir parler, en "signant" j'ai froid, j'ai faim, je t'aime, c'est bon...

« Signer avec mon bébé était amusant et pratique ! »

Contrairement à ce qu'on croit, signer avec son bébé ne retarde pas l'apparition du langage. Au contraire, cela la facilite car l'enfant comprend plus rapidement l'idée qu'un symbole abstrait – qu'il s'agisse d'un signe ou d'un mot – peut représenter une chose concrète, comme une table ou un chat.

Je ne saurai jamais si c'est grâce à cela, mais mon fils a parlé tôt et plutôt bien ! C'est une expérience que je recommande vivement à tous les parents. »

Deux sites à parcourir si vous voulez vous lancer : https://enfantsdessignes.blogspot.fr et www.kestumdis.fr.

Anne-Lise P., primipare à 41 ans

Fallait le savoir !

Les troubles du langage sont nombreux. Parmi eux, la dysphasie touche un enfant sur cent. Elle peut se manifester dès l'âge de 2 ans, *via* des problèmes au niveau de l'expression, de la réception et de la syntaxe. Loin de s'apparenter à un retard intellectuel, la dysphasie est un trouble neurologique susceptible de se traiter avec des séances régulières d'orthophonie. Plus l'enfant atteint est diagnostiqué jeune, plus il aura de chances de compenser son déficit.

★ Le goût de la lecture

Le goût des mots, c'est aussi celui de la lecture, qui active dès le plus jeune âge la zone cérébrale construisant du sens et prépare à l'apprentissage de l'écriture… Comment faire de votre bambin un lecteur assidu, dans un quotidien envahi par les écrans ?

- **Mettez des livres à sa portée** (et pas en haut de l'armoire), il doit pouvoir se servir et choisir lui-même son livre.
- **Variez les genres et les supports** (livres sonore ou audio, pop-up ou texturés…).
- **Choisissez des livres adaptés** à chaque âge, présentant des histoires réalistes, au graphisme simple toujours accompagné d'une légende qui nomme individuellement les objets et les personnages.

- **Instaurez un rituel et ne supprimez jamais l'histoire du soir :** la lecture doit rester une expérience positive et ne doit pas être associée à un système de récompense-punition.
  Sachez d'ailleurs que depuis 2014, les pédiatres américains prescrivent aux parents de nourrissons de leur faire quotidiennement la lecture à haute voix…
- **Donnez l'exemple… en lisant !**

ET LES ÉCRANS, C'EST SI MAUVAIS QUE ÇA ?

Avant 3 ans, on a vraiment droit à rien ? Tout le temps où l'on met un enfant devant un écran avant ses 3 ans, c'est du temps perdu. Or il a peu d'heures d'éveil dans la journée et il doit développer une relation au monde qui implique tous ses sens. On peut, de façon très exceptionnelle, partager 10 minutes devant une tablette, mais la règle c'est « pas d'écran avant 3 ans »

À partir de 3 ans, qu'est-ce qui change ? On peut introduire les écrans, mais en veillant à trois principes fondamentaux :

1) on limite l'exposition aux écrans dans le temps et on le fait à heure fixe, ce n'est pas le self-service ;

2) on préfère le DVD à la télé car il propose de petites séquences avec lesquelles l'enfant va se familiariser ;

3) on fait parler son enfant de ce qu'il a vu pour développer son intelligence narrative.

Quelle doit être l'attitude des parents ? Ils doivent donner l'exemple ! L'accompagnement de l'enfant à la découverte des écrans, c'est aussi une autodiscipline des parents. Dès la naissance, il faut prévoir avec lui des moments sans écran ni smartphone.

Mon artiste en herbe

L'art et la culture font partie de vos centres d'intérêt et vous comptez bien en faire profiter votre enfant ? Riche idée quand on sait qu'ils contribuent à stimuler ses sens, enrichir ses capacités d'expression, sa sensibilité et favoriser son imaginaire.

L'éveil musical

Entre le cinquième et le huitième mois de grossesse, le fœtus perçoit déjà les sons et possède la capacité de les enregistrer. L'ouïe est l'un des sens les plus aiguisés chez le bébé, qui évolue dans un univers sonore parfois saturé (radio, télé, circulation automobile...).

Comment lui faire découvrir les sons et la musique ?

- Réservez-lui des moments de silence afin qu'il puisse entendre... ses propres gazouillis !
- Laissez-le faire l'expérience du bruit avec les objets du quotidien : taper sur des casseroles, faire grincer une porte, ouvrir et fermer une fermeture éclair lui permettent de se constituer un répertoire auditif.
- Dès ses 2 mois, pratiquez la danse-portage (en écharpe ou en porte-bébé), de préférence sur des rythmes qui ne mettent pas votre équilibre en danger et ne secouent pas trop votre enfant.
- Vers 2 ans, initiez-le aux jeux vocaux en imitant le son des animaux, en faisant vibrer les lèvres avec la langue, en criant avec une main devant la bouche, en variant les graves et les aigus...
- Dès 3 ans, vous pouvez l'inscrire à un cours d'éveil musical. Ils sont nombreux et de qualité variable. Voici trois associations, qui ont fait leur preuve et qui proposent des cours sur tout le territoire :
  - l'Institut de culture musicale (ICM) : www.icm-musique.fr ;
  - l'Association pour le développement de l'éveil musical : http://assadem.free.fr ;
  - Allegro Musique : www.allegromusique.fr.

APPRENDRE LE PIANO DÈS 5 MOIS ? C'EST POSSIBLE AVEC LA MÉTHODE KADDOUCH !

Créée il y a trente ans, cette méthode repose sur la conviction que l'enfant possède la musique en lui et qu'il suffit de la révéler. Assis sur les genoux de ses parents, le bébé teste les touches du clavier et construit progressivement un univers sonore. Puis, aidé par le professeur, il s'approprie le piano de façon ludique, à son rythme, avant d'apprendre les techniques pour arriver à faire sonner joliment le piano. Grâce à cette démarche inductive, qui ne force pas l'enfant, ce dernier développe son sens musical, mais également l'inventivité, l'intelligence sensible et sa motricité.

Pour en savoir plus : www.kaddouch-music.com.

★ Les arts plastiques

Apprendre à utiliser ses dix doigts permet à votre enfant d'éprouver le monde qui l'entoure. C'est aussi une manière de découvrir son corps, de faire surgir des émotions et de développer ses capacités cérébrales, comme celle de concevoir le monde en trois dimensions.

Alors, partants pour laisser votre artiste en herbe s'exprimer ? Oui, mais sans repeindre votre appartement pour autant !

La peinture dans le bain

Une activité réjouissante et peu salissante !

FABRIQUEZ VOTRE PEINTURE

Mélangez 1 dose de gel douche et 1 dose de fécule de maïs ou de maïzena. Si le résultat obtenu est trop fluide, rajoutez un peu de maïzena.

Puis versez le mélange dans un bac à glaçons vide.

Dans chaque petit compartiment, ajoutez quelques gouttes de colorant alimentaire et mélangez bien : votre palette de peinture est prête !

LAISSEZ VOTRE BAMBIN S'EXPRIMER !

Installez votre enfant dans son bain ou dans la douche, posez le bac à glaçons à proximité.

À l'aide d'un pinceau ou de ses doigts, il va s'en donner à cœur joie sur les parois !

Pour un moment encore plus complice, vous pouvez aussi participer et peindre de jolies formes sur son corps. Le tout se nettoie très facilement.

Chapitre 13

L'éducation alternative

Quel parent êtes-vous ? Ou, plutôt, quel parent souhaitez-vous être ? Cette question, vous vous l'êtes maintes fois posée... Désireux de réussir cette mission éducative, vous êtes prêts à tester des modèles alternatifs, quitte à remettre en question vos principes... Et c'est tout à votre honneur ☺.

La parentalité positive (ou bienveillante)

Nés dans les années 1970, vous avez probablement reçu une éducation traditionnelle et... vous n'en êtes pas mort !

Mais le concept de parentalité positive, très en vogue et plein de promesses, vous interpelle et vous intrigue... Moins patients qu'il y a dix ans, plus fatigués qu'à vos vingt ans, vous y trouverez peut-être des outils pour une vie de famille épanouie.

QU'EST-CE QUE LA PARENTALITÉ POSITIVE ?

Charlotte Ducharme, fondatrice du site « Cool Parents Make Happy Kids », nous répond :

« La parentalité positive a pour objectif d'offrir aux familles un quotidien plus serein et moins basé sur les rapports de force.

C'est avant tout un état d'esprit, qui repose sur une vision juste de l'enfant, nous permettant de comprendre en profondeur comment il fonctionne : à fond dans le moment présent, souvent débordé par ses émotions et doté d'un cerveau immature, il ne lui est pas possible de réagir comme nous. Un enfant qui refuse de se laver les dents par exemple ne le fait pas pour nous contrarier ou par sournoiserie, il a tout simplement envie de faire autre chose !

Comment la mettre en place ? Une fois qu'on a changé sa vision des choses – ce qui peut prendre un certain temps, surtout si on a reçu une éducation très autoritaire, basée sur de fausses croyances –, il est plus aisé d'être dans l'empathie et la non-violence, à l'écoute des besoins de son enfant et à la recherche de solutions gagnant-gagnant. Votre grande tape sur son petit frère ? Au lieu d'ignorer son besoin et de lui mettre une fessée pour (soi-disant) la calmer, essayez de comprendre ce qui l'a amenée à taper ainsi son frère, et de trouver avec lui des alternatives pour qu'il exprime son mécontentement autrement qu'en tapant !

Il existe de nombreux outils pour se faire obéir sans crier, désamorcer une colère, ou encore éviter le bâton et la carotte :

- les consignes positives (dire « dans la maison, on marche » au lieu de « on ne court pas ») ;

- l'écoute active (en cas de crise ou de colère, écouter son enfant en reformulant ce qu'il nous dit plutôt que de porter immédiatement un jugement sur son état) ;
- l'exemplarité... et bien sûr l'humour.

Quels sont les écueils à éviter ? Pour moi, l'écueil le plus dangereux, c'est de s'oublier en tant que parent ou de culpabiliser à mort ! Notre besoin est aussi important que celui de notre enfant. On ne le dira jamais assez : être un parent « parfait » mais au bout du rouleau n'est pas une solution ! Là où ça se corse, c'est quand les besoins des uns et des autres sont contradictoires. Dans ces cas-là, il ne faut pas hésiter à demander de l'aide, à confier son enfant à un proche de la famille pour souffler un peu. Il est aussi parfois nécessaire de réfléchir à une nouvelle organisation pour satisfaire parents et enfants. Par exemple, on peut s'organiser pour éviter de se retrouver dans des situations dont on sait d'avance qu'elles vont être compliquées, comme faire ses courses à 18 h 30 dans un supermarché bondé avec deux enfants fatigués sous le bras, par exemple ! »

Alors, tentés par ce nouveau modèle ?

De nombreux sites proposent des infos et des formations pour s'y mettre :
- www.les-supers-parents.com ;
- www.coolparentsmakehappykids.com ;
- http://apprendreaeduquer.fr.

L'école alternative

Ne nous voilons pas la face, l'Éducation nationale fait aujourd'hui l'objet de critiques et de remises en question ! Et l'école publique de votre enfance semble avoir pris un coup dans l'aile : classes surchargées, instits absents, programmes pédagogiques aléatoires... Quelles alternatives s'offrent à vous ?

La pédagogie Montessori

Se réclamant d'une pédagogie vieille de plus d'un siècle, les écoles d'inspiration Montessori fleurissent à tous les coins de rue ! Phénomène de mode ou véritable alternative à un enseignement traditionnel en berne ?

Témoignage

« C'est en lisant le livre de Céline Alvarez *Les Lois naturelles de l'enfant* que nous avons découvert ma femme et moi les bienfaits de l'école alternative. Et quand notre fils a eu 3 ans, nous n'avons pas hésité un seul instant à le mettre dans un établissement d'inspiration Montessori, malgré des frais de scolarité élevés pour notre bourse.

> « Nous sommes très heureux d'avoir choisi une école d'inspiration Montessori. »

Aujourd'hui, nous sommes très heureux de notre choix. Nous souhaitions que notre petit garçon puisse se développer à son rythme, en prenant confiance en lui, sans subir le fameux système de récompense/punition qui sévit encore dans l'Éducation nationale.

V. a passé une belle première année de maternelle : il y est allé tous les matins avec le sourire et il a trouvé de quoi étancher la soif inextinguible d'apprentissage, qui caractérise tous les enfants de son âge... Il lui est même arrivé de pleurer parce qu'il ne voulait pas quitter l'école le soir.

En tant que parents, nous avons apprécié de pouvoir échanger facilement avec l'équipe pédagogique, d'avoir un aperçu, même rapide, de sa journée d'école, de bénéficier de rendez-vous individuels avec la directrice pour faire le point… C'est un vrai luxe !

Au contact de cette école, nous avons aussi "progressé" dans nos méthodes éducatives. Nous nous efforcions d'être bienveillants et à l'écoute, mais nous avons porté encore plus d'attention aux émotions de nos enfants.

On nous demande souvent comment nous envisageons l'avenir et le retour dans l'école publique : c'est simple, nous ne l'envisageons pas ! Nous trouverons des solutions tant sur le plan financier que logistique, d'autant que la petite sœur de V. ne va pas tarder à suivre les traces de son frère… Et si un retour à des méthodes d'enseignement plus traditionnelles s'impose à nous, nous faisons confiance à nos enfants pour accepter ces changements. »

Christophe B., 50 ans,
papa de deux enfants de 4 et 2 ans

★ Les autres écoles alternatives

Apprendre autrement, susciter la curiosité de l'enfant, développer son autonomie font aussi partie des objectifs des écoles Steiner et Freinet. La première considère l'enfant dans « sa globalité avec un corps, une âme et un esprit » et met l'accent sur l'enseignement artistique et corporel, alors que la seconde privilégie l'apprentissage via l'expérience, considérant que l'échec est une étape de plus vers la réussite.

Notre astuce pour trouver l'école alternative de vos rêves : consultez l'annuaire www.ecolealternative.com.

Fallait le savoir !

En France, plus de vingt mille élèves suivent chaque jour un enseignement alternatif de type Steiner, Montessori ou Freinet. La majorité de ces écoles sont privées, hors contrat, et donc très chères : comptez en moyenne 1 000 euros par mois pour les frais de scolarité, la cantine et un peu de périscolaire.

★ L'instruction en famille

Aucune de ces pédagogies ne vous inspire ? Vous pouvez choisir de faire l'école à la maison ! Encore méconnue en France, l'IEF (l'instruction en famille) fait de plus en plus d'adeptes (18 000 familles à ce jour). Elle vous permet d'avoir un contrôle total sur le rythme et le niveau d'apprentissage de votre enfant. Mais attention, à partir de ses 6 ans, vous êtes soumis, dès la première année, à une enquête sociale et pédagogique pour vérifier les progrès de votre bambin. Pour être parfaitement dans les règles, vous devez également déclarer votre choix à la mairie et aux Dasen (directions académiques des services de l'Éducation nationale). Si vous manquez à cette obligation, vous écopez d'une amende de 1 500 euros.

Faire l'école à la maison ne s'improvise pas, cela demande même beaucoup d'organisation. Un des écueils à éviter, c'est l'isolement. De nombreux sites et associations d'enfants non scolarisés sont là pour vous aider :

- http://delecole-alamaison.com ;
- http://leportaildelief.com ;
- http://laia-asso.fr.

Fallait le savoir !

Le gouvernement Macron souhaite abaisser l'âge de l'instruction obligatoire de 6 à 3 ans, à partir de la rentrée 2019.

Élever un enfant « différent »

Avec lui, c'est compliqué ! C'est le sentiment que vous avez depuis sa naissance sans vraiment comprendre où se loge le problème... Votre enfant est peut-être « différent » L'élever peut se révéler délicat et mettre à rude épreuve votre patience de parent quadra, mais de nombreux sites et associations sont là pour vous aider à gérer votre quotidien.

★ L'enfant autiste

Votre bambin refuse qu'on le touche, a des difficultés à communiquer avec les autres, tend à rester dans sa bulle, s'exprime difficilement, tout en étant dans un bouillonnement corporel permanent ? Les symptômes de l'autisme sont nombreux... Pris séparément, ils ne peuvent pas faire figure de diagnostic. Seul un médecin pourra vous éclairer.

Cette maladie, qui touche 1 % des enfants, demeure incomprise et il n'existe pas vraiment de traitement susceptible de l'enrayer. Mais une chose est sûre : plus elle est prise en charge tôt, meilleurs sont les résultats en termes d'interactions sociales et de qualité de vie.

> **Fallait le savoir !**
>
> L'autisme est considéré comme un handicap. Il est donc possible d'obtenir des aides financières. Dès que vous avez le diagnostic en main, vous pouvez remplir un dossier auprès de la maison départementale des personnes handicapées (MDPH) : www.mdph.fr.

Si le diagnostic d'autisme est confirmé, il est donc recommandé de mettre rapidement en place un suivi par une batterie de spécialistes : psychologues, ergothérapeutes, orthophonistes, kinésithérapeutes...

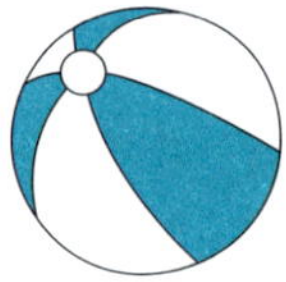

Les sites dédiés à l'enfant autiste :

- http://comprendrelautisme.com ;
- www.autisme-france.fr ;
- www.tamis-autisme.org.

L'enfant TDAH

Distrait, impulsif, hyperactif à l'excès et en toutes circonstances... Telles sont les caractéristiques de l'enfant souffrant de TDAH (trouble du déficit de l'attention avec hyperactivité). Généralement diagnostiqué vers l'âge de 7 ans, ce trouble neurocomportemental touche 5 à 8 % de la population.

Ses causes sont multiples, d'origine hormonale ou génétique mais également environnementale... Ainsi les enfants nés prématurément, ou de mères fumeuses et/ou alcooliques, ou encore exposés à des produits toxiques pendant la grossesse sont potentiellement candidats au TDAH.

À l'instar de l'autisme, il n'existe aucun traitement contre ce trouble, mais il est possible d'en atténuer les symptômes et les corollaires (échec scolaire, manque de confiance en soi...), grâce à un accompagnement médicamenteux sur mesure systématiquement associé à une prise en charge psychosociale.

Les sites dédiés au TDAH :

- www.tdah-france.fr ;
- www.tdahecole.fr ;
- www.dysmoi.fr.

Fallait le savoir !

Les psychostimulants prescrits dans le cadre du TDAH sont sujets à polémique du fait de leurs effets secondaires (perte d'appétit, maux de tête...) et de leurs résultats mitigés. En revanche, plusieurs études révèlent qu'un régime alimentaire sans GLO (gluten, lait et œuf) et pauvre en sucres rapides aurait des effets bénéfiques.

★ L'enfant à haut potentiel intellectuel

Le pédiatre l'a toujours trouvé très éveillé, la maîtresse évoque des relations musclées avec ses petits copains, il vous dit s'ennuyer en classe... Votre enfant serait-il HPI, comme 2,3 % de la population ?

Si vous avez des doutes, le mieux est de prendre rendez-vous avec un spécialiste, sachant que sa précocité ne pourra pas être confirmée avant ses 6 ans et qu'il existe six profils différents d'enfants HPI.

En attendant, comment l'aider à grandir et à réussir ? Accompagner un enfant HPI demande de l'énergie et de la patience. Il faut être à la fois observateur, réactif et... dans le lâcher-prise ! L'humour, votre créativité et votre capacité à donner du sens à toute chose seront vos meilleurs alliés pour accompagner votre zèbre ! Voici quelques conseils de Gabrielle Sebire et Cécile Stanilewicz, auteures de *Avec lui, c'est compliqué ! Vivre avec un enfant précoce, l'aider à grandir et à réussir* :

- Évitez de lui transmettre vos angoisses et votre anxiété : l'enfant précoce perçoit les émotions d'autrui comme une antenne parabolique !
- Ne soyez pas trop intrusif et ne jouez pas les « parents hélicoptères » : même s'il est plus sensible que les autres, il faut aussi lui apprendre à gérer seul ses émotions, et à trouver lui-même ses solutions. Vous ne serez pas toujours là pour le protéger des petits désagréments de la vie, alors, autant lui apprendre à s'adapter aux situations inattendues.
- Donnez-lui le temps et les moyens d'avancer à son propre rythme plutôt que de lui concocter un « agenda de ministre » Laissez-lui des temps libres, propices à l'investissement de son monde intérieur.
- Répondez à sa soif de connaissance. Vous pouvez pour cela varier les supports : internet, livres, documentaires vidéo, mais aussi les personnes-ressources, qui pourront vous être d'un grand secours : le papy passionné d'astronomie, la tante érudite, etc.

Les sites dédiés à l'enfant HPI :

- http://happyhpfamily.blogspot.fr ;
- www.afep-asso.fr ;
- www.alrep.org ;
- www.anpeip.org.

Chapitre 14

Parents engagés

Presque 40 ans de vie, vous avez déjà roulé votre bosse, pas vrai ? Vous pouvez être fier de votre assise professionnelle, de votre entourage foisonnant et de vos convictions. Avec l'arrivée de cet enfant, elles sont de plus en plus fortes : envie de manger bio, d'air pur, et même parfois de changer de vie, vous ne vous reconnaissez plus ! N'ayez crainte, votre sens des priorités a simplement changé de direction, c'est une prise de conscience commune aux jeunes parents mais qui a la particularité de faire écho à la fameuse crise de la quarantaine… Attention ça va déménager !

Changer de vie ou presque

Vous avez bousculé les conventions en devenant parent sur le tard, éclatant le cadre jadis préétabli de notre société occidentale. Au sommet de votre vie, vous vous posez de vraies questions.

Crise de la quarantaine : l'envie de vivre à 100 %

Le désir d'enfant est une des manifestations les plus fréquentes de la crise de la quarantaine chez la femme.

Bilan de vie, cette crise est aussi appelée « crise du milieu de vie » selon les Américains. Avez-vous déjà parcouru la moitié de votre existence ? Non, pas tout à fait, des études prouvent que faire des enfants sur le tard optimise la longévité. Cependant, l'envie d'agir maintenant, avant qu'il ne soit trop tard, agite 80 % des personnes entre 37 et 48 ans. « Le midi de la vie est l'instant du déploiement extrême, où l'homme tout entier est à son œuvre avec tout son pouvoir et tout son vouloir, mais c'est aussi l'instant où naît le crépuscule », écrit Jung.

Témoignage

« Lorsque l'on est parent quarantenaire, on est plus sûr de soi, on sait où l'on va, on est plus confiant en l'avenir. C'est souvent l'aboutissement d'une nouvelle vie, il y a plus d'expériences vécues, une prise de hauteur et des angles de vue plus conscients et plus ouverts. Les priorités changent, le lâcher-prise et l'écoute font partie du quotidien. Quelle que soit la place de cet enfant dans la fratrie, une dimension nouvelle se crée, engageant le parent tardif à tester de nouvelles pratiques, à changer son regard sur le monde et sur ce que la vie peut offrir. Le parent quarantenaire serait-il un parent sage et bien dans ses baskets ? »

Angélique de Apprenti Sage, formatrice et coach en éducation et communication relationnelle

« La recherche de sens est le point culminant au sommet de la quarantaine. »

★ Ils l'ont fait : partir faire le tour du monde !

Délire de jeunes ? Pas forcément ! Partir tous azimuts vers sa carrière professionnelle, à peine diplômés, est une habitude très française. Pas le temps de dire, « ouf », les « pauses » sont souvent mal vues sur un CV. Puis, un jour, on regrette et immédiatement après on se dit « pourquoi pas » ! Voyager avec ses enfants, c'est possible.

Témoignage

« L'arrivée de Rose, il y a 16 mois, a été un véritable déclic. »

« Frédéric et moi avons décidé rapidement d'avoir des enfants… nous en voulions quatre. Marion est née quand j'avais 25 ans, puis Paul 17 mois plus tard, Charlotte et Gabrielle ont suivi ! À 30 ans à peine, nous avions déjà quatre enfants ! Les années sont passées, entre le travail à la pharmacie et l'éducation des enfants, nous vivions dans une routine confortable et rassurante.

À l'orée de la quarantaine, nous avons eu envie d'un "petit dernier". C'était maintenant ou jamais. Rose est née il y a seize mois, son arrivée a été un virage à 360 degrés dans notre vie. Le déclencheur d'une envie de changement et de resserrer les liens entre nous tous.

Nous avons donc pris la décision de tout quitter et de partir faire le tour du monde pendant treize mois avec nos cinq enfants. Nous nous sentions "prêts" et suffisamment en confiance pour partir faire un tel voyage.

Cela fait maintenant huit semaines que nous découvrons le monde… ce n'est pas toujours simple (surtout avec un bébé de 16 mois) mais nous avons presque 16 ans d'expérience de parents et nous nous en sortons très bien… »

Julia 40 ans et Frédéric 44 ans,
en voyage autour du monde avec leurs 5 enfants

★ Bousculer sa vie professionnelle

Vous vous êtes donné corps et âme à votre travail, renonçant à compter vos heures ! Les cartes vont changer de mains. Les congés maternité sont parfois assassins pour la carrière des femmes, et l'envie de vous battre n'est (peut-être) plus au rendez-vous.

Aménagement du temps de travail, reconversion professionnelle, de force ou de gré, rien ne sera plus comme avant ! Les femmes, en ligne de mire, sont largement touchées par ce phénomène. Selon Stéphanie Govillot, division Emploi, Insee, « après une naissance, un homme sur neuf réduit ou cesse temporairement son activité contre une femme sur deux »

Blogging quand tu nous tiens

Né d'une envie de partager son quotidien, ses inquiétudes et ses doutes, le blogging est une sorte de journal intime. Ceux qui se sont lancés ont, avant tout, répondu à leurs propres besoins : créer du lien avec les autres parents, se divertir le temps d'une sieste, faire ce qu'ils aiment (prendre des photos, écrire des articles)… De nombreuses mamans se sont lancées, plus rares sont celles qui réussissent à en vivre.

Témoignage

« J'ai commencé à bloguer pour me confier. »

« Penser que le blogging peut être une nouvelle vie professionnelle est un énorme fantasme. Très peu de blogueuses arrivent à en vivre exclusivement. La plupart de celles qui se rémunèrent *via* leur blog le font en plus d'une activité professionnelle. Pour ma part, cet aspect "rémunérateur" est tout récent, et je suis loin d'en vivre.

J'ai commencé à bloguer pour me confier sur les difficultés de santé de mon fils. Je cherchais des conseils et de l'aide. Ma relation avec mes abonnées est très saine. Personne ne me "clash" comme c'est souvent le cas. Nous échangeons un peu comme des amies le feraient autour d'un café. D'ailleurs, le blog m'a apporté de réelles amitiés qui existent maintenant dans la vraie vie ! »

Frédérique, du blog « Maman de Ouistiti »,
maman d'un petit garçon à 37 ans

Créer son activité professionnelle

Pour autant, les femmes n'ont pas envie d'abandonner leur activité professionnelle. La maturité leur a fait prendre conscience d'une chose essentielle : la réalisation de soi est indispensable ! Alors, pour trouver le bon tempo, beaucoup se lancent dans la création de leur propre activité.

Évidemment, il n'y a pas de recette miracle : surcharge de travail ou difficultés financières sont parfois la rançon de la liberté. Tenir bon, se faire confiance, et réajuster le tir si nécessaire sont les clés pour vous accomplir pleinement.

Traverser la tempête la tête haute !

Nous avons globalement une mauvaise image des postes salariés à haute responsabilité : intransigeants, hyperprenants... Mais certaines femmes ont décidé de relever le défi.

Témoignage

« J'ai beaucoup travaillé pour arriver à un poste à responsabilité dans un secteur qui me passionne, mais quand nous avons décidé de faire des enfants, je me suis arrêtée 1 an et demi, le temps d'un parcours de PMA, de la grossesse, et du congé maternité. Quand on part, on laisse sa place, l'homme n'a pas ce gap dans sa carrière. Les femmes ont été redoutables, essayant de se placer pendant mon absence.

« On m'a proposé un poste à hautes responsabilités, mes enfants avaient 16 mois ! »

Quelques mois après mon retour, on me propose un poste plus important avec dix jours de déplacements dans le mois. J'ai accepté, en mettant en place une organisation complète.

J'ai une personne 7 jours sur 7 pour m'aider : nounou à plein temps et fille au pair. Je n'ai pas de famille à proximité. Je me lève à 6 heures tous les jours pour avoir une heure à moi, puis je m'occupe des enfants jusqu'à 9 heures. Le soir, je les vois entre 19 heures et 20 heures, heure du coucher. Quand nous n'avons pas de sortie, je me couche très tôt, vers 21 h 30.

Je culpabilise toujours, mais avec 2 heures par jour, que pour eux, je suis dans la moyenne. Je fais tout pour que leur quotidien soit hyperconfortable. Je cherche l'équilibre. Dans la journée, ils sont bien et ça, c'est la clé de ma sérénité. »

Léa, maman de jumeaux à 37 ans,
responsable dans une maison de luxe

Les hommes sont prêts pour aménager leur temps de travail !

90 % des congés parentaux sont pris par les femmes, néanmoins, les hommes s'occupent de plus en plus de leurs enfants, en aménageant leur temps de travail ou en choisissant le télétravail. Les tâches ménagères sont de mieux en mieux réparties et l'équilibre du temps

passé avec les enfants se fait mieux. Cependant, d'après une étude DARES (sept. 2017), il y a encore du chemin à parcourir. En effet, les mères passent en moyenne 12 heures par semaine à garder leur enfant alors que les papas n'en passent que 4 !

Témoignage

« Nous sommes très centrés sur notre petit garçon, mais nous restons très attentifs l'un à l'autre. Si ma femme est fatiguée, je prends le relais et inversement.

Mon père m'a eu tard mais c'était une autre génération. À cette époque, l'âge n'avait pas trop d'impact parce que le père n'intervenait pas dans l'éducation. Ma mère faisait tout à la maison. Les papas tardifs d'aujourd'hui sont complètement différents. »

« Nous restons très attentifs l'un à l'autre. »

Benoît Cayol, psychothérapeute,
papa spontanément à 43 ans

Que vous ayez décidé de poursuivre votre passion pour votre travail ou de lever le pied pour une *slow life*, il est important de déculpabiliser.

Fondatrice du réseau Maman travaille, co-auteure de *J'arrête de m'épuiser !* (Eyrolles) et surtout secrétaire d'État en charge de l'Égalité homme/femme, Marlène Schiappa écrit : « Trouver son équilibre entre sa vie de maman et sa vie professionnelle est bien évidemment possible, et passe par un gros effort de déculpabilisation. »

NOTRE SÉLECTION DE BLOGS

- egalimere.fr : mère imparfaite, féministe et déculpabilisante.
- humeurdemoutard.com : de l'humour et beaucoup d'amour.
- www.lebruitetladouceur.fr : blog lifestyle d'une maman prof de trois enfants.
- www.maman-mammouth.com : maternage et instruction en famille.
- nozenfantscheris.com : lifestyle et bons plans.
- http://mamandeouistiti.com : la vie d'une maman quadra, qui tâtonne et qui savoure.
- www.onamuselesmomes.com : un blog avec plein d'idées rigolotes.
- www.cotebebe.fr : un webzine de conseils et d'accompagnement pour parents éclairés.

Transmettre ses valeurs

Avant d'être parents, vous étiez des citoyens, des hommes et des femmes animés de passions et de convictions. Un temps mis de côté pour vivre l'instant avec votre nouveau-né... vous le voyez maintenant grandir, marcher, parler, respirer, exprimer ses envies, il est temps, de lui transmettre vos valeurs.

★ Plus proche de la nature

Parents des villes, à quel moment vous êtes-vous dit : « Allez, on part vivre à la campagne » ? Oh, on est tous passé par là. En leur temps, nos aînés partaient élever des chèvres dans le Larzac, aujourd'hui, c'est plus compliqué. Le marché de l'emploi est tendu et il faut une certaine assise financière pour oser se lancer.

Un petit lopin de terre

En vingt ans, le nombre des chambres d'hôte est passé de 4 500 à plus de 30 000, selon la direction du Tourisme du ministère de l'Emploi. Chaque année, 2 500 Français créent un gîte rural, une aventure pourtant risquée, mais révélatrice d'un besoin de se rapprocher de la Nature en proposant un jardin à nos enfants, et pourquoi pas, un potager.

LA NATURE POUR LES PETITS CITADINS

- *Les Enfants ! Vous venez jardiner ?*, Éditions Terre Vivante, 14 €, avec 45 activités sympas.
- www.jardinerenville.fr.
- Jardins pédagogiques dans les écoles : www.jardinons-alecole.org.
- www.natureetpotagerenville.fr.
- www.jardinerenville.fr.

Éduquer à l'environnement

Certains vont plus loin, en plaçant la Nature au centre d'un projet pédagogique. Terrain d'apprentissage et d'observation, la Nature devient un éducateur menant à l'autodépassement. Ces projets pédagogiques prônent un retour aux sources, en apprenant à nos enfants que la Nature peut soigner ou nourrir, bref, qu'elle est essentielle à notre bien-être et que, pour cette raison, il faut l'aimer et la respecter.

Témoignage

« La plupart du temps, la Nature est présentée aux enfants comme quelque chose de sale, qui tache, ou de dangereux, alors que les enfants se passionnent spontanément pour les animaux, les plantes et aiment le contact avec la terre.

De plus, l'éducation à la nature se traduit souvent par la sensibilisation à des tâches qui leur apparaissent rébarbatives (trier les déchets, éteindre la lumière, couper l'eau…), tandis qu'en parallèle, les cours de récréation se trouvent littéralement amputées de leurs arbres. Comment s'étonner alors que nos enfants soient "hors sol", coupés de leur connexion à la Nature et ne voient pas l'intérêt de jouer dehors !

« Le système dominant crée des enfants hors-sol. »

Il y a deux ans, j'ai donc répondu à un appel à projet émis par Nature & Découvertes qui avait pour thème "Épanouissement et éducation des enfants au cœur de la nature". Notre projet d'école Champ libre a fait partie des lauréats, avec une approche pédagogique reposant sur des apprentissages autonomes en pleine Nature, et sur une organisation démocratique où chacun a le droit de s'exprimer et de faire valoir ses droits, pour découvrir sa vraie nature. L'école a ouvert ses portes en septembre 2018 près d'Honfleur. »

Maÿlis G., co-fondatrice de l'école
Champ libre en Normandie

Il est important pour les générations d'aujourd'hui et de demain d'avoir conscience des enjeux écologiques : épuisement des ressources naturelles, difficulté à gérer les déchets, surpopulation, etc. Des sujets parfois anxiogènes mais prétextes à l'information et à l'enseignement, donnant ainsi conscience que nous sommes tous acteurs du changement.

★ Assumer la différence

Que votre enfant soit issu de la PMA, de l'adoption ou d'une famille mosaïque, vous n'avez pas choisi le parcours classique des familles françaises. Vous avez votre histoire, d'autres lui ressemblent mais elle est unique, et cela vous devrez l'expliquer à votre enfant. Notre société est pétrie de jugements et d'*a priori* qui font peur, à nous de trouver la force de les surmonter.

Trouver les bons mots

C'est très difficile de dire simplement la vérité. Une foule d'excuses nous clouent le bec, ce n'est jamais le bon moment. Les psychologues sont les bonnes personnes pour accompagner la mise en mots de votre histoire, car tout est là.

Témoignage

« Qu'un enfant ait été conçu par FIV, c'est le problème des parents. Un secret qui restera bien enfoui, souvent par pudeur ou par gêne. C'est un tabou dans notre société. Symboliquement, l'infertilité est une menace pour l'espèce humaine et la FIV donne l'impression à certains de transgresser la Nature. Que ce soit dans le cadre du don, d'une PMA classique ou même d'une adoption, on a longtemps pensé qu'il fallait à tout prix éviter d'informer son entourage et de le cacher à son enfant. Mais le secret crée de forts traumatismes et, à l'adolescence, c'est dévastateur. Depuis Françoise Dolto, on évite la rupture symbolique. L'enfant doit connaître l'histoire de sa famille et l'histoire de son corps.

« Le secret crée de forts traumatismes et, à l'adolescence, c'est dévastateur. »

Mon conseil : le dire à la naissance, puis capitaliser sur ce qu'ils ont plutôt que sur ce qu'ils n'ont pas.

Dans mon ouvrage, *L'Aventure de la naissance avec la PMA*, co-écrit avec Catherine Dolto, nous parlons aux enfants de leur conception avec des illustrations et des mots simples. Ils sont le fruit d'un profond désir, c'est le plus important ! »

Docteur Myriam Szejer,
pédopsychiatre, psychanalyste

Faire face à la réalité

Nous éduquons nos enfants mais ils nous éduquent tout autant en retour, n'est-ce pas ? La plupart des parents quarantenaires choisissent leur destinée, agissent en conscience. Mais parfois, la parentalité nous attend au détour d'un chemin que nous n'avions pas envisagé.

Témoignage

« Les adultes compliquent tout… »

« Après de longues années de PMA infructueuses, nous avons obtenu notre agrément pour l'adoption, nous avons eu une petite fille de 11 mois. Elle avait 3 ans quand je suis tombée enceinte, et elle m'a alors demandé comment elle était dans mon ventre ? Je lui ai dit que je ne l'avais pas portée, que je l'avais adoptée, j'ai sorti plein de photos pour lui expliquer son histoire. Elle a eu un regard terrible qui exprimait un moment de connexion avec elle-même : son abandon. C'est inscrit dans son corps, elle l'a revécu les 3 nuits qui ont suivi cette discussion. Des peurs ont été exprimées, et cela s'est réactivé à la naissance de notre fils. Elle m'a rejetée pour éprouver mon amour et j'ai tenu.

À l'école, ses copines disent que c'est son demi-frère, je lui dis : "Non, ce n'est pas vrai." Le dialogue est toujours ouvert, si les enfants posent des questions c'est qu'ils sont prêts à entendre les réponses. Quand j'explique quelque chose, mon fils fait une synthèse en 2-3 mots, les adultes compliquent tout. Ma fille me pose des questions sur sa famille biologique, elle trouve que c'est un vrai plus, même si nous n'avons pas d'informations sur leur identité, hormis qu'ils sont vietnamiens.

Un jour, elle voudra y aller ? Peut-être, en attendant, elle apprend la langue de ses parents biologiques ! »

Béatrice D., maman d'une enfant adoptée à 41 ans
et d'un enfant naturel à 43 ans

★ La parité au cœur de notre société

Fille ou garçon, on s'en fichait pas mal quand il était question de tomber enceinte ! Mais maintenant que l'on a l'un ou l'autre, comment l'éduquer ? La parité est au cœur des débats de notre société, à tort ou à raison. Les rôles sont redistribués, déstabilisant les hommes et les femmes que nous sommes, il est bon de se demander quel rôle joue l'éducation dans ce nouvel équilibre des sexes !

Témoignage

« Je crois que la question, c'est de garder la masculinité et la féminité de chacun sans rapport de force. Le corps n'est pas le même, il ne crée pas la même énergie, ce qui ne veut pas dire que le sexe doit être utilisé comme un outil de domination, attribuant certaines tâches à l'un ou à l'autre. Il faut élargir la gamme pour chacun.

« L'enfant va trouver le masculin et le féminin là où il en a besoin. »

Après, il y a un modèle parental, les enfants reproduisent ce qu'ils voient et ce qu'ils entendent. Certains donnent des prénoms neutres à leur enfant, prônant une éducation unisexe, dans l'indifférencié des genres… Ne remettons pas nos enfants dans d'autres stéréotypes.

D'après Freud, la bisexualité psychique de l'enfant le pousse à chercher le masculin de la mère et le féminin du père. Dans un couple homo, l'enfant va trouver le masculin et le féminin là où il en a besoin.

C'est illusoire de vouloir influencer le développement naturel d'un enfant. À nous de faire la différence entre la puissance et le pouvoir. Que chacun exprime sa puissance, ce n'est pas une question de pouvoir ! »

Sophie Braun, psychanalyste

L'éducation unisexe ?

Traditionnellement, et dans toutes les cultures, les hommes ont utilisé les différences à leur profit, assignant aux femmes une position passive et soumise dans la société. C'est contre cette dévalorisation séculaire que luttent les tenants d'une éducation « unisexe »

Sophie Braun poursuit : « Il faut sortir du culte des phalus. Les femmes ont une relation à la jouissance et portent un enfant, c'est une puissance jalousée par les hommes, très inconsciemment. Et puis, il y a quelques dizaines d'années, nous n'avions pas de moyens scientifiques de prouver une paternité, les hommes avaient peur.

Mais les choses ont énormément changé, laissons les générations à venir redéfinir les contours de leur genre. »

Surinvestir son rôle de parent

Les parents quarantenaires sont riches de nombreuses réflexions, ils lisent, sont cultivés, se posent des questions... Si, si ! Leur recherche de perfection est réelle, au point parfois de mettre la barre un peu (trop) haut pour eux ou pour leurs enfants. Et si on apprenait juste, ensemble, à être tout simplement heureux ?

★ Une éducation parfaite

« J'ai attendu 40 ans pour avoir un enfant, ce n'est pas pour échouer dans mon rôle de parent ! » Voilà ce que se dit secrètement votre inconscient.

Le docteur Myriam Szejer, pédopsychiatre, psychanalyste, décrypte cette mécanique psychologique : « La réussite de l'éducation démontrera qu'il y a du bon dans cette histoire, que ce n'est pas une erreur de faire des enfants si tard ! C'est comme les parents enseignants, ils attendent de bons résultats de leurs enfants, pour démontrer leurs compétences professionnelles. Et puis, l'attente (d'avoir les moyens, de l'espace, etc.) pousse les quarantenaires à ne rien regretter, ils ont payé le prix de l'âge. Ils demandent à leur enfant une perfection qui leur renvoie une image de parents parfaits. En fait, cette exigence, ils l'ont envers eux-mêmes. Les femmes ont d'ailleurs plus d'attente, parce qu'elles sont dans l'idée qu'elles ont transgressé l'horloge biologique. Les parents, confrontés à l'infertilité, ont été très blessés narcissiquement, leurs enfants ont une valeur inestimable, ils sont hyperprécieux et eux doivent être hyperperformants. »

★ L'enfant unique

Pour de nombreux parents quarantenaires, votre précieux sera l'unique ! Âge trop avancé, difficulté médicale ou simple choix, vous devez éduquer un enfant sans autre frère ou sœur pour lui piquer ses jouets ou lui déchirer ses dessins. Cela concerne 30 % des enfants en France, soit deux fois plus qu'il y a vingt ans.

Les parents ont-ils une attitude différente avec les enfants uniques ? Certainement, ils sont, de fait, plus disponibles, plus attentifs et plus communiquants avec leur enfant. L'étiquette d'enfant gâté, enfant roi, n'est pas toujours très juste surtout quand les parents sont très impliqués, n'hésitant pas à poser des limites et à s'y tenir. Cependant, être l'unique objet d'amour de ses parents n'est pas anodin, entraînant parfois surprotection et exigence extrême.

N'oublions pas cependant qu'un enfant à besoin d'interagir avec d'autres enfants, les discussions d'adultes sont terriblement ennuyeuses. En ouvrant grand vos portes et en facilitant les interactions avec les autres enfants, il comprend les notions de partage, d'échange et... de patience ! Allons-y gaiement pour les colonies de vacances, les clubs de plage, les clubs sportifs ou les associations culturelles.

Notons néanmoins que les enfants uniques reproduisent rarement le schéma à leur tour, une preuve peut-être qu'il leur a manqué un petit quelque chose.

En 1950, Françoise Dolto déclare sans détour : « Quand ils grandissent, les enfants uniques sont hyperverbaux et hyposensoriels ; chez eux, la puberté n'arrive pas à se faire. À 15 ou 16 ans, ce sont des sujets d'élite d'un point de vue scolaire mais des êtres nuls du point de vue des échanges humains. » Aïe !

Déculpabiliser avec des cadeaux !

Offrir des cadeaux à votre enfant part toujours d'un bon sentiment : pallier une absence (la vôtre ou celle d'un petit frère) ou votre propre vulnérabilité (situation personnelle ou professionnelle difficile), enrichir ses jeux d'éveil et ses connaissances, le féliciter d'un progrès... Mais attention, à partir de 2-3 ans, vous risquez de payer cash l'expression matérielle de votre amour, transformant votre innocent bambin en un monstre tyrannique !

Un jouet dans chaque magasin, un bonbon dans chaque boulangerie... Votre enfant teste vos limites et vous jette à la figure sa frustration dès que vous osez dire « non ». Eh oui, vous aurez à surmonter les regards des passants quand votre enfant se jettera par terre en hurlant !...

Nos conseils pour ne pas faire un enfant (trop) gâté :

- réservez les cadeaux aux anniversaires et aux fêtes ;
- discutez de ses envies, souvent plus importantes que l'objet convoité ;
- laissez-le faire ses expériences et donnez-lui l'autonomie de son âge ;
- ne culpabilisez pas si vous êtes une maman qui travaille et un papa du dimanche ;
- établissez certaines règles de discipline et tenez-vous à ces règles ;
- discutez et expliquez ces règles ;
- évitez la formation de couple enfant/adulte face à l'autre parent ;
- exigez un minimum de politesse ;
- faites-vous respecter en parole et en actes ;
- comprenez que les cadeaux ne sont pas les seules preuves d'amour.

Les papas tardifs : porte-drapeaux ?

Les papas tardifs sont plus nombreux que les mamans tardives mais surtout, ils assurent un maximum ! Même s'ils calculent l'âge qu'ils auront quand leur enfant aura 20 ans, ils font tout pour garder la pêche et ne font pas leur âge ! D'ailleurs, ces petites rides, là, au coin de l'œil, leur vont très bien.

★ Un choix assumé

L'âge de la parentalité fait débat. Chacun y va de son point de vue, selon son vécu.

La loi française a déjà posé ses jalons, en finançant un programme de PMA jusqu'à 43 ans. L'idée émerge pour que l'âge du père soit limité à 50 ans. En cela, on considère qu'un enfant a besoin de ses parents au moins jusqu'à l'âge de 25 ans.

Il est difficile de juger des choix aussi personnels et intimes que l'âge de la parentalité. La peur de l'avenir ne devrait jamais constituer un frein, car il est, par définition, imprévisible !

Témoignage

« J'ai eu trois enfants d'un premier mariage et une petite dernière à 57 ans, c'était un souhait commun, je ne me suis pas vraiment fait prier. Depuis l'arrivée de ma fille, je travaille autant qu'avant mais j'ai réorganisé l'ensemble de ma vie professionnelle pour pouvoir m'occuper d'elle. Je l'emmène et je vais la chercher tous les soirs à la crèche avec sa mère. Le soir, on joue, on se raconte des histoires, c'est un moment d'échanges et de discussion que j'adore.

On me prend souvent pour son papy. J'adore rectifier en disant que je suis son papa. J'en prends mon parti, de toute façon, cela ne va pas aller en s'arrangeant ! Je ne me sens pas du tout dans mon âge, j'ai 30 ans dans ma tête, tant que mon corps suit, tout va bien ! Je prends d'ailleurs grand soin de mon hygiène de vie… Je suis dans l'instant présent, comme je l'ai toujours été. Et, si l'avenir fait partie de mes préoccupations, je m'évertue à le positiver et à l'aménager.

« J'ai eu ma petite dernière à 57 ans. »

Je suis le même papa qu'avec mes premiers : je me suis replongé dans la paternité hyper facilement. Comme pour ses aînés, j'aimerais transmettre le respect des autres et une certaine ouverture au monde à ma petite dernière.

Ma femme et moi voyageons beaucoup, ma fille est dans les avions depuis ses trois semaines. À trois ans, elle a déjà vu et goûté beaucoup de choses, elle a rencontré beaucoup de gens. J'adore quand elle me dit qu'elle aime tel ou tel plat, qu'elle apprécie un coucher de soleil ou un joli paysage. Elle a la chance de ne pas vivre collée aux écrans et d'évoluer dans un milieu culturellement riche. »

Yves D. père de 4 enfants

★ Prévoir l'avenir

En préparant votre vieillesse, vous construisez un véritable bouclier anti-stress. Et cela passe par des actions très concrètes à l'égard de vos enfants, comme l'aménagement de votre temps de travail pour profiter pleinement (et ne rien regretter), ouvrir une assurance-vie à leur nom, contracter une assurance dépendance pour ne pas être à leur charge en cas de pépin, ou même écrire l'histoire de votre vie, créer des albums photos… En laissant des traces de votre histoire, vous donnez toutes les clés à votre enfant pour se construire en tant qu'adulte.

Des questions philosophiques fuseront inévitablement un jour, entre la poire et le fromage : « Dis, papa, est-ce que tu vas mourir ? » Rappelons-le : l'enfant pose des questions quand il est prêt à entendre les réponses. Il faudra alors trouver les mots, pour être honnête sans plonger dans la tristesse.

★ Le papa papy

Être parent, c'est faire partie d'une tribu, d'un clan ! Sauf que, pour 2 % des papas tardifs, la paternité arrive après 50 ans, faisant quasi simultanément de nos « jeunes » papas des « jeunes » papys. Le calendrier de la vie se bouscule, échauffant un peu les esprits. En société, les adultes réfléchissent à deux fois avant de s'aventurer dans un « c'est votre petite-fille ? », mais dans la cour de récréation, c'est différent, le tact n'est pas toujours au rendez-vous...

Témoignage

« Mon papa m'a eue, quand il avait 49 ans, et ma mère à 39 ans. C'était assez inhabituel à l'époque, et les réflexions des autres enfants m'ont beaucoup blessée. Parfois, on me demandait s'il était mon grand-père. C'est quelque chose que j'ai eu à traverser et qui m'a donné une grande force.

Aujourd'hui, je suis en couple avec Stéphanie, qui a 45 ans, et nous avons un petit garçon de 2 ans et demi. Parent tardif et homosexuelle, j'ai en partie reproduit le même schéma, mais je suis confiante. J'ai l'habitude des remarques, je ne juge plus, j'explique calmement.

« Les autres disaient de mon père qu'il était mon grand-père. »

À la crèche, pour éviter que mon fils souffre des mots des autres, j'ai expliqué au personnel quels mots choisir pour parler de notre histoire. Notre fils sait déjà ce qu'est la différence et, pour moi, c'est une grande richesse. »

Ariane, maman à 37 ans

Fallait le savoir !

Il est étrange de constater que la plupart des parents tardifs sont eux-mêmes nés sur le tard, ils disent n'en avoir jamais souffert, mieux encore ils sont fiers d'avoir des parents qui ont bravé les conventions, avant eux, quand elles étaient encore plus pesantes.

Papa-papy, c'est aussi être plus cool, plus détendu, parfois même superlaxiste. Papa sur le tard, il n'a plus l'envie de se fâcher, laissant un peu le « mauvais » rôle à la maman (qui a, de toute façon, quelques années de moins).

★ Éduquer un ado

Ne pas être dépassé physiquement et intellectuellement est sans doute le vrai challenge du parent vieillissant. À l'adolescence, les relations se tendent, il faut tenir : saurez-vous encore repousser vos limites ? Après les nuits blanches pour les biberons, faisons un saut dans le futur et retrouvons les nuits blanches… en attendant qu'ils rentrent de boîte de nuit !

Témoignage

« J'ai eu mes premiers enfants à 23 et 24 ans, je m'absentais souvent pour mon travail, j'ai fini par divorcer, je voyais peu mes enfants, c'était difficile de les élever, mon fils aîné m'en parle encore. C'était une épreuve…

Mais la vie m'a donné une seconde chance d'être père. Alors que je pourrais être tranquillement à la plage avec une femme de mon âge, j'ai rencontré A., il y a quelques années. Elle a 15 ans de moins que moi, et nous avons fait 3 enfants en 4 ans.

Ma femme apprécie mon recul et mes références à une éducation plus classique (ma mère n'était pas très sympa avec moi, mais elle m'a appris la politesse !).

« Je leur dis : "J'ai plein de bouquins", ils me disent : "J'ai Internet." »

J'ai longtemps travaillé dans les douanes, j'étais face à des jeunes qui n'étaient pas respectueux. J'ai vite compris que les problèmes de stupéfiants étaient universels. Cela m'a appris à être attentif à mes enfants, à l'écoute, à les observer. Je ne m'immisce jamais, je me rends disponible.

J'ai 62 ans, mais 20 dans ma tête, je m'ouvre à tout, je dis à mes enfants : "J'ai plein de bouquins", ils me répondent : "J'ai Internet." Ma femme me booste, on avance ensemble, on ne s'oppose jamais devant eux.

J'ai choisi de m'occuper de ma famille, mais je ne suis pas éternel, je commence à en prendre la mesure. J'essaye de transmettre au maximum. Le maître mot c'est "assumer", c'est ça le vrai bonheur ! »

Daniel B., papa à 62 ans de cinq enfants
dont trois ados de 13, 16 et 17 ans

Ce qu'il faut retenir

Éveiller ne signifie pas surstimuler.

L'éducation alternative séduit un nombre croissant de parents.

La parentalité tardive incite à vivre le temps présent sans perdre de vue ses ambitions.

Transmettre ses valeurs est une affaire de maturité.

Investir son rôle de parent, c'est assumer !

Conclusion

Cher lecteur, chère lectrice, nous espérons que ce guide a répondu à vos attentes, qu'il vous a confortés et accompagnés dans votre projet d'enfant ou dans votre nouveau rôle de « jeunes » parents...

Comme vous l'avez compris au fil des témoignages, avoir un enfant à 40 ans aujourd'hui, c'est à la fois complexe et intense, mais rarement impossible !

Alors que le débat s'intensifie autour de la PMA et de la congélation des ovocytes, il est fort à parier que d'ici 15 à 20 ans, la parentalité tardive deviendra la norme, portée par une médecine toujours plus performante et des choix de vie toujours plus assumés.

En attendant, vous êtes des pionniers ! Et le meilleur conseil que nous pouvons vous donner, c'est de ne jamais perdre espoir et d'assumer pleinement votre âge et votre parcours au-delà des normes.

Pour découvrir plus de témoignages, bénéficier de conseils d'experts ou tout simplement échanger sur votre quotidien, retrouvez-nous sur *www.avoir-un-enfant-a-40-ans.fr*, le premier site dédié à la parentalité tardive.

Bibliographie

Sites et blogs

- parents.fr
- psychologies.com
- magicmaman.com
- doctissimo.fr
- enfant.com
- naitreetgrandir.com
- babycenter.fr
- lesprosdelapetiteenfance.fr
- sfendocrino.org
- fiv.fr
- endofrance.org
- positivemindattitude.com
- nadineandreewitch.com
- maman-blues.fr
- cesarine.org
- sosprema.com
- Les maternelles (chaîne YouTube)
- côtébébé.fr
- onamuselesmômes.com

Livres

- Marc Bessin et Hervé Levilain, *Parents après 40 ans*, Autrement, 2012.
- Philippe Grandsenne, *Bébé, dis-moi qui tu es*, Marabout, coll. « Poche », 2013.
- Mélanie Schmidt-Ulmann, *100 réflexes allaitement*, Leduc.s Éditions, 2008.
- Marcel Rufo et Christine Schilte, *Élever son enfant*, Hachette, coll. « Famille », 2017.

- Marie-Hélène Westphalen, Nadia Berkane, *Enceinte, et si on se disait tout ?*, Eyrolles, 2017.
- Joséphine Lebard, *Du baby-blues à la dépression post-partum*, Marabout, 2015.
- Gabrielle Sébire et Cécile Stanilewicz, *Avec lui, c'est compliqué ! Vivre avec un enfant précoce, l'aider à grandir et réussir*, Eyrolles, 2018.
- Anne Thoumieux, *Le Cahier jeune maman*, First, coll. « Pour Les Nuls », 2018.

Contacts

- Agathe Girod-Roux
  agathedeco@yahoo.fr
- Anne-Lise Pernotte
  alisepernotte@gmail.com

- www.avoir-un-enfant-a-40-ans.fr

Impression & brochage SEPEC
N° d'imprimeur : 21682181130
Dépôt légal : décembre 2018
Imprimé en France

IMPRIM'VERT®

PEFC™ **10-31-1470** / **Certifié PEFC** / Ce produit est issu de forêts gérées durablement et de sources contrôlées. / pefc-france.org